회개의 일곱 단계

회개의 일곱 단계

초판 1쇄 발행 | 2025년 10월 3일

지은이 | 박상욱
펴낸이 | 이한민
펴낸곳 | 아르카

등록번호 | 제307-2017-18호
등록일자 | 2017년 3월 22일
주　소 | 서울 성북구 숭인로2길 61 길음동부센트레빌 106-1805
전　화 | 010-9510-7383
이메일 | arca_pub@naver.com

홈페이지 | www.arca.kr
블로그 | arca_pub.blog.me
페이스북 | fb.me/ARCApulishing
총　판 | 비전북

ⓒ 박상욱, 저자와의 협약으로 인지는 생략되었습니다.
이 출판물은 저작권법에 의해 보호받는 저작물이므로 무단 전재와 무단 복제를 할 수 없습니다.
이 책 내용의 일부 또는 전부를 재사용하려면 반드시 저자와 출판사의 동의를 얻어야 합니다.
잘못 만들어진 책은 구입하신 서점에서 교환해 드립니다.

책　값 | 뒤표지에 있습니다
ISBN | 979-11-89393-45-8　03230

아르카ARCA는 기독출판사이며 방주ARK의 라틴어입니다(창 6:15).
네가 만들 방주는 이러하니 … 새가 그 종류대로, 가축이 그 종류대로,
땅에 기는 모든 것이 그 종류대로 각기 둘씩 네게로 나아오리니 그 생명을 보존하게 하라 _창 6:15,20

성령님이 이끄시는 성화의 구체적 과정

the Seven Stages of Repentance

회개의 일곱 단계

박상욱 지음

아르카

추천사

◆◆◆ **손기철 박사**, 헤븐리터치미니스트리(HTM) 대표

저는 박상욱 목사님과 오랜 시간 HTM 사역을 함께해 왔습니다. 그는 늘 겸손히 주님의 음성에 귀 기울이고, 동역자들을 세우는 데 아낌없이 헌신해온 귀한 분입니다. 제가 신학 공부를 권했을 때도 기꺼이 순종하여 신학의 길을 걸었고, 결국 목회의 부르심에 응답하게 되었습니다. 그 과정 속에서 그는 단순히 지식만을 쌓은 것이 아니라, 성령님의 인도하심 가운데 HTM에서 배우고 경험한 것들을 신학적 기초 위에 차곡차곡 정리하며 삶과 사역에 적용해 왔습니다. 이번에 출간되는 이 책은 그러한 여정의 결실이라 할 수 있습니다.

책을 읽다 보면, 회개가 단순히 한 번의 사건이 아니라 날마다 하나님 나라의 통치를 경험하게 하는 여정임을 알게 됩니다. 박 목사님은 자신이 실제로 걸어온 회개의 길을 솔직하게 나누면서, 독자들이 같은 시행착오를 반복하지 않고 더 깊은 은혜로 들어가도록 친절히 안내하고 있습니다. 특히 성령님께서 이끄신 '회개의 일곱 단계'는 이론이 아니라 실제 삶에서 체득한 진리이기에, 누구든 이 책을 통해 하나님 앞에 서는 법을 배우게 될 것입니다.

저는 개인적으로 이 책이 독자들에게 자신 안에 하나님 나라를 이루어가는 훈련이 되리라 믿습니다. 더 나아가, 킹덤빌더의 영성을 훈련하고 세워 가는 실제적인 길잡이가 될 것입니다. 한국교회가 회개를 잃어버린 시대에, 이 책은 다시금 하나님께로 돌아가야 한다는 강력한 메시지를 던져 줍니다. 동시에 우리 각자가 날마다 회개의 삶을 통해 하나님의 통치를 경험하고, 그 나라의 기쁨과 평강을 누리도록 초청합니다.

저는 이 책을 읽는 모든 분들이 박 목사님이 경험한 것처럼 회개를 통해 하나님의 놀라운 은혜와 영광을 체험하게 되기를 간절히 소망하며, 기쁨과 감사의 마음으로 추천합니다.

◆◆◆ 박봉수 목사, 상도중앙교회

14년이라는 짧지 않은 세월 박상욱 목사님을 지켜보았습니다. 교인으로서 교회 생활을 하던 모습, 하나님의 부르심 앞에서 치열하게 몸부림치며 주의 종의 길을 준비하던 모습, 그리고 목사가 되어 남다른 사역에 헌신하는 모습을 지켜보았습니다. 그러는 중에 가끔 영적 대화를 나누며 깊은 교제를 이어왔습니다.

박 목사님은 늦은 나이에 주를 만나고 부르심을 받았습니다. 그래서 바울처럼 철저하게 주님께로 돌아서려고 몸부림쳤습니다. 그러면서 남다른 회개를 체험했습니다. 그리고 특별한 영적 은사를 받고 기도사역과 치유사역에 헌신해 왔습니다. 그러면서 사역을 방해하는 죄의 실체를 발견하고, 회개의 중요성을 깨달고서 긴 시간 회개를 실천해 왔습니다.

이 책은 회개에 대한 이론서이자 신학적 내용을 정리한 책이기도 합니다. 하지만 단순한 신학 이론서이기만 한 것은 아닙니다. 박 목사님의 남다른 회개의 체험과 성경적 탐구의 열매입니다. 그래서 이 책에는 회개에 대한 외침과 도전, 그리고 안내가 담겨 있습니다. 이 책이 이 시대를 영적으로 깨우게 되기를 바랍니다.

❖❖❖ **송인설 교수**, 서울장신대학교 영성치유대학원장

서울장신대학교 신학대학원에서 박상욱 목사님을 처음 뵈었습니다. HTM(해브리처티미니스트리)에서 훈련받은 치유 사역자이고, 무엇보다 지속적으로 회개하며 기도하는 습관이 삶의 중심에 자리하고 있었습니다. 학교에 오면 먼저 두 시간 기도한 뒤 수업에 들어가는 꾸준함이 깊은 인상을 남겼습니다.

이번에 출간된《회개의 일곱 단계》에서 저자는 회개를 단순한 '잘못 인정'이 아니라, 구원의 문을 여는 사랑의 통로이자 성령의 열매로 이어지는 치유의 여정으로 설명합니다. 이 책은 독자가 두려움과 자기 비난을 내려놓고, 하나님께로 돌아가는 자유를 배우도록 도와줍니다.

특히 저자는 회개를 일회성 사건이 아닌 점진적 성숙의 길로 제시하며, 양심의 각성에서 정체성의 갱신까지 차근차근 안내합니다. 그 과정에서 "죄를 지었어도 그것이 곧 나의 본질은 아니

다"라는 통찰을 목회적 언어로 명료하게 풀어내 복음의 핵심을 잘 드러냅니다.

회개의 일곱 단계의 흐름은 자연스럽습니다. 먼저 자기중심적 동기를 돌아보고, 죄를 자각하여 고백합니다. 이어 회심이라는 존재의 전환을 통과하며, 새 정체성과 신분을 회복합니다. 그런 다음 일상에서 회개의 습관을 세우고, 죄에 대해 민감하게 분별하며 깨어 있는 삶을 연습합니다. 마지막으로 하나님 나라의 통치와 평강을 누리는 성숙한 삶에 이릅니다. 요약하면, 초기의 자각과 고백(회심 이전), 회심, 그 이후의 영성적 회개(정체성 회복에서 삶의 열매까지)로 이어지는 길입니다.

결론은 분명합니다. 회개는 과거를 털어내는 절차가 아니라, 하나님 나라를 살아내는 방식입니다. 영성에 관심 있는 모든 그리스도인에게 이 책을 기쁘게 권합니다. 저도 신학대학원과 영성치유대학원 학생들과 이 책을 같이 읽으며, 함께 공부하려 합니다.

Contents

추천사   4
들어가는 글   12

1부 ◊◊◊ 회개란 무엇인가?

1장   내가 회개한 이유   20

     나는 죽었을 사람이다

     회개하지 않으면 견딜 수 없었다

     회개는 했는데, 왜 마음은 싸늘했을까?

2장   성경이 말하는 회개   30

     회개의 성경적 의미

     회개는 하나님께로 향하는 것이다

2부 ◊◊◊ 죄가 무엇이길래 회개해야 하는가?

3장   성경이 말하는 죄   46

     죄에 대한 구약성경의 단어

죄에 대한 신약성경의 단어

4장 죄에 대하여 우리가 잘못 알고 있는 것　　　　61

　　죄를 '동사'로 이해한다

　　죄를 동사로만 이해할 때의 문제

5장 회개와 죄의 상관관계　　　　67

　　죄의 사슬을 끊는 시작점

　　신앙을 새롭게 하는 핵심

　　죄의 잔재를 제거하는 과정

　　현실에서 구원을 누리기 위한 싸움

3부 ◇◇◇ 회개할 때의 유익과 유의할 것

6장 하나님 나라에 살게 한다　　　　78

　　죄의 자리에서 하나님 나라로

　　회개는 복음의 명령이다

　　회개는 구원의 완성으로 이끈다

　　회개는 하나님의 사랑이다

7장 은혜와 평안을 누리게 한다　　　　90

　　회개는 구원의 은혜를 누리게 한다

　　회개는 하나님 나라의 평강을 누리게 한다

8장 회개할 때 유의할 것들　　　　99

　　회개는 평생 한 번만 하는 것이 아니다

구원의 순간에만 필요한 것이 아니다

조상과 공동체의 죄도 회개해야 한다

생각으로 지은 죄도 회개해야 한다

4부 ◊◊◊ 왜 회개를 말하지 않고 하지도 않는가?

9장　회개가 부담스러운 이유　　　　　　　　　114

역린을 건드리기 때문이다

구원 복음의 함정에 빠져 있기 때문이다

하나님 나라 복음을 외면하기 때문이다

죄에 대한 인식이 약해졌기 때문이다

마귀의 시험이 회개하지 못하게 한다.

5부 ◊◊◊ 회개가 깊어지는 회개의 일곱 단계

10장　1-2단계: 행위의 회개 단계　　　　　　134

회개의 1단계: 상황을 벗어나기 위해서 하는 회개의 단계

회개의 2단계: 내가 행한 죄들을 주님 앞에 회개하는 단계

11장　3단계: 회심의 회개 단계　　　　　　　158

회개의 3단계: 회심의 회개 단계

회심은 회개의 토대가 된다

하나님의 믿음으로 인도한다

회심의 통일성

회심의 다양성과 사례

회심 이후에는 삶이 변화된다

12장 4-7단계: 영성적 회개 단계   **190**

회개의 4단계: 내가 행한 죄가 내가 행한 것이 아님을 깨닫고서 하는 회개

회개의 5단계: 삶의 매 순간에 회개하는 회개의 일상화 단계

회개의 6단계: 어둠의 일몰을 영적 센서로 인지하는 단계

회개의 7단계: 하나님께서 주시는 새로운 날과 평강을 누리는 단계

 들어가는 글

필자는 삼성그룹 공채 25기로, 신세계백화점에서 약 5년간 직장생활을 했다. 이후 사업을 시작해서 빠른 성장을 이루었다. 성장을 거듭하던 젊은 시절엔 죄로 가득한 삶을 보냈다. 그때는 그것이 죄인지 아닌지도 전혀 몰랐다. 그저 최선을 다해 살아가고 있다고 생각했을 뿐이다. 정말 소중한 젊은 날을 안타깝게 허비했다. 할 수만 있다면 컴퓨터를 포맷하듯 모든 흔적을 지워버리고 싶을 정도다.

하나님은 사업의 성장을 통해 기회를 만드셔서 나를 중국으로 인도하셨다. 그때 경험한 사업에서의 성공은 아쉽게도 오래가지 않았다. 실패와 고난이 이어졌다. 그러나 그 일은 오히려 내가 늦게나마 주님을 만나는 은혜의 통로가 되었다.

중국에서 나를 뜨겁게 만나주신 하나님은 그동안의 내 삶을 돌아보게 하셨다. 그리고 완전히 새로운 삶을 살아갈 '기회'를 얻게 하셨다. 그 기회란 하나님께서 나에게 깊은 회개의 경험을 허락하신 일이다. 나는 회개를 통해 내 삶에서 죄의 영향력이 끊어지는 것이 무엇인지 알게 되었다.

회개는 전통적으로 구원을 얻게 하는 회개, 즉 구원받은 자가 되었다는 정체성의 변화로서 이해되었다. 회개는 그렇게 나 자신이 죄인이었다는 걸 확인하는 것으로 시작한다. 우리는 구원 받고 정체성이 완전히 바뀌었다. 하나님 나라의 복음을 누리는 하나님의 자녀가 되었다. 그것을 삶에서 누리게 하는 회개가 지속되어야 한다는 것을 알게 되었다. 지금은 날마다 하는 회개로 인하여 하나님 나라의 삶과 평강을 누리고 있다.

하나님을 만나고 회개의 경험을 하면서, 이 땅에서 하나님의 뜻대로 살아갈 수 있는 영적 성장의 기회 또한 생겼다. 하나님께서 나를 HTM(헤븐리터치미니스트리)으로 인도하시고, 치유 사역자가 되게 하신 것이다. 나는 HTM 대표인 손기철 박사님을 통해 하나님 나라 복음이 무엇인지를 알게 되었다. 회개를 통해 하나님 나라의 복음이 삶에 어떻게 적용되는지, 하나님의 통치가 어떻게 이루어지는지도 경험하게 되었다. 하나님은 또한 나에게 여러 은사를 주셨다. 특별히 치유의 은사가 회개 후에 얼마나 더 강하게 역사하는지를 알게 하셨다. 회개와 치유 은사의 상관관계를 알게 된 것은 정말 놀라운 경험이었다. 과거에는 전혀 경험하지 못한, 완전히 신세계였다. 마치 시간이 멈춘 것처럼, 나는 회개의 시간 속에 계속 머물게 되었다.

주님께서 허락하신 회개의 시간이 나를 치유 사역자로서 하나님의 영광을 드러내는 통로가 되게 한 것만은 아니었다. 회개는 내 삶의 모든 영역에서 나침반 역할을 해주었다. 나를 정결하게 하였으며, 하나님께서 원하시는 삶을 살 수 있게 인도해 주었다. 회개로 인해, 내 삶은 새롭게 변화되었다.

회개하고 나서, 그리고 회개할 때마다, 주님께서 주시는 평강과 은혜는 정말 아름다웠다. 말로 표현할 수 없을 정도였다. 그 은혜를 경험하면서, 나는 거의 매일 매 순간마다 회개했다. 회개하지 않은 날은 마치 씻지 않고서 외출하는 것 같았다.

회개는 점차 내 신앙의 중요한 중심이 되어갔다. 그런 가운데, 신앙의 균형이 필요하다는 것을 느끼게 되었다. 성령의 체험과 말씀에 대한 지식은 우열을 가릴 무엇이 아니기 때문이다. 때마침 손기철 박사님의 권유로 신학을 하게 되었다. 신학을 공부하면서, 회개에 대해서도 다시 정리할 기회를 얻었다. 이후 성경을 읽을 때, 회개의 관점에서 구속사의 흐름을 새롭게 이해하게 되었다. 예수님께서 말씀하신 복음 메시지가 새롭게 다가오기도 했다. 특히 "이르시되 때가 찼고 하나님의 나라가 가까이 왔으니 회개하고 복음을 믿으라"(막 1:15)는 구절이 복음의 새로운 의미로서 깨달아졌다. 이 말씀을 통해, 회개가 하나님과의 관계 회복을 위해 필수적인 과정임을 인식하게 된 것이다. 그렇게 주님을 만난 이후 회개를 시작하면서, 나는 끊임없이 회개했다. 그리고 계속되는 회개를 통해 나의 회개가 점차 변화되는 것을 경험했다. 그 변화의 과정을 신학적으로는 크게 두 단계로 나눌 수 있었고, 구체적으로는 일곱 단계로 나눌 수 있었다.

구원 얻는 회개와 정결케 된다는 개념으로 구분되는 두 단계의 회개는 신학적으로 알려진 것이지만, 내 경험과 다른 사람들의 회개를 관찰하면서 정리하게 된 일곱 단계는 내가 인위적으로 정한 것이 아니다. 회개하는 가운데 성령님께서 자연스럽게 깨닫게 해주신 것이다. 그 과정을 통해 회개란 단순한 후회나 반성이 아니며, 성령님의 인도하심을 따른 성화의 여정에서 점점 더 깊어지는 영적 변화의 과정이라는 것을 깨닫게 되었다. 그 회개의 과정은 물론 고통스러웠다. 그러나 성령님의 도우심으로, 말로 표현할 수 없는 은혜를 경험할 수 있는 과정이었다.

이 책은 내가 회개의 여정을 걸으면서 깨닫게 된 회개의 일곱 단계를 정리하기 위한 목적으로 쓴 것이다. 회개의 일곱 단계는 이 책의 목적이자 결론에 해당하는 것이므로 마지막 5부에 편집했다. 책의 1부는 회개가 무엇인지를 성경의 단어를 살펴봄으로써 정리한 것이고, 2부는 회개의 이유이자 원인인 죄가 무엇인지를 다룬 것이다. 3부에서는 회개함으로써 우리에게 오는 실제적인 유익을 다루었다. 그리고 4부는 이렇게도 중요한 회개를 말하지 않고 하지도 않는 한국교회 전반에 대한 안타까운 마음을 기록한 것이다.

지금은 많은 기독교인이 교회를 떠나고 있는 시대다. 신앙의 길에서 벗어나는 것이다. 이유는 많다. 그러나 많은 이유의 핵심은 그들 안에 하나님의 통치가 없기 때문이다. 하나님의 통치는 회개를 통해 시작되는 것인데도 회개하지 않거나, 회개를 말하더라도 심각하게 강조하지는 않는 것 같다. 하나님 나라가 가까이 왔으니 '회개하고' 복음을 믿어야 하는데(막 1:15), 복음은 믿으면서 먼저 해야 할 '회개하고'가 빠진 것이다. 이런 내용에 대해 쓴 것이 이 책의 4부이다.

이 책의 분량에서 절반 가량을 차지하는 5부의 내용, 즉 '회개의 일곱 단계'는 내가 회개의 과정에서 겪었던 시행착오를 독자들은 최소화하여, 그 회개의 여정을 조금이라도 쉽게 걸을 수 있도록 돕기 위해 쓴 것이기도 하다. 물론 시행착오의 시간도 하나님께서 허락하시는 은혜의 시간이다. 그러나 내게 주신 경험에 비추어 보면, 시행착오의 어려움을 겪지 않더라도 회개의 기쁨을 충분히 누릴 수 있다. 이 책을 통해 독자들이 회개의 기쁨과 유익을 더 깊이 경험하고, 회개를 통해 주님께서 주시는 모든 은혜를 온전히 누리게 되기를 소망한다.

회개는 우리의 심중에 하나님의 나라가 임하게 하며, 하나님의 통치가 이루어지게 한다. 회개가 온전히 이루어지면, 하나님의 영광이 회개하는 사람의 삶 속에 충만해진다. 그래서 하나님은 사람의 회개를 기뻐하신다. 온전한 회개는 개인의 영적 부흥이 된다. 이러한 개인의 변화는 교회 전체의 부흥으로 이어질 것이 확실하다. 궁극적으로는 우리나라에 하나님의 영광이 가득한 새로운 부흥의 시대가 열리게 할 것이다. 그런 점에서, 회개를 강조하는 이 책이 하나님의 감동이 되어, 교회의 부흥을 일으키는 작은 불씨가 되기를 간절히 소망한다.

작은 자의 영적 성장을 위해 목자의 지팡이가 되어주신 상도중앙교회 박봉수 목사님, 이 책을 몇 차례에 걸쳐 신학적으로 검토해주신 서울장신대학교 신학대학원의 송인설 교수님께 감사의 말씀을 드린다. 지난 18년간 늘 복음의 말씀과 기도로 인도하시고 내 삶의 영적 등불이 되어주신 손기철 박사님과, 함께 사역해온 HTM의 동역자분들께 심심한 감사를 드린다.

박상욱

1부

회개란 무엇인가?

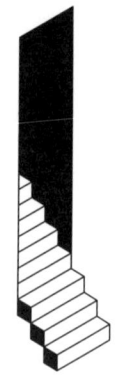

01
내가 회개한 이유

필자는 신세계백화점에서 첫 직장생활을 시작했다. 당시는 신세계그룹이 삼성그룹에서 분리되기 전이었다. 약 5년간의 직장생활을 마치고 사업에 도전해 빠른 성장을 이루었다. 하지만 그 성공은 오래가지 않았다. 주거래처였던 상장회사의 부도로 인해, 나의 사업 역시 속절없이 부도가 났다. 정신적으로 매우 힘든 시간을 보내야 했다. 내가 사업을 하는 동안은 최선을 다해서 정직하게 노력했다고 믿었기 때문이다. 방황의 시간이 길었다. 세상의 눈으로 보면 방황이었지만, 영적으로 보면 깊은 죄에 빠져 어둠 속에 있는 시간이었다.

  하지만 젊은 나이에 마냥 좌절하고 있을 수만은 없었다. 재기를 다짐하며 온 힘을 쏟았다. 몇 년간의 끈질긴 노력 끝에 마침 내 납품 계약을 성사시켰고, 다시 일어설 기반을 마련할 수 있었다. '고난은 쓰지만 그 열매는 달다'라는 속담을 생각하며 잠시나마 미소를 지었다. 그러나, 그 기쁨도 오래가지 않았다. 재기의 희망을 품었던 해는 1997년, 한국이 IMF 금융 위기를 맞이했을 때였다. 상황은 더욱 절망적이었다. 모든 것이 무너지는 것처럼 느껴졌다. 이전의 부도 때와 달랐다. 이번에는 삶을 포기하고 싶다는 유혹이 들었다. 아무리 긍정적으로 생각해보려 해도 마음은 점점 더 어두워졌다. 내가 할 수 있는 노력은 결국, 전부 세상의 방식에 불과했다.

당시에는 몰랐지만, 그때도 하나님께서는 나를 포기하지 않으셨다. 사업이 중국과 연결되면서, 또 한 번 재기의 기회가 생겼다. 시간이 지나면서 중국에서 외자기업을 설립하게 되었고, 드디어 '운명의 날'을 맞이했다. 북경에서 사업을 진행하던 어느 새벽, 하나님께서 나를 깊이 만나주셨던 것이다. 그 순간에 바로 깨달았다. 하나님께서 나의 모든 걸음을 주관하셔서 나를 중국 북경으로 인도하셨다는 것을, 그리고 이 모든 여정을 통해 나를 새롭게 하시려는 계획을 세우고 계셨음을…. 그리고 하나님의 말씀을 통해, 내가 오랫동안 잊고 있었던 '나의 그 사건'을 기억나게 하셨다.

나는 죽었을 사람이다

나는 군 복무 시절에 '유행성출혈열'이라는 병으로 생사의 갈림

길에 섰던 적이 있다. 어느날, 매복 작전을 다녀온 후에 독감 증세가 나타났다. 의무대에서 약을 처방받아 먹었다. 하지만 차도가 없었고, 증세는 점점 심해졌다. 몸은 불덩이처럼 뜨거워지고, 갈증이 심해졌다. 물을 아무리 마셔도 갈증은 가라앉지 않았다. 외출했다가 늦은 시간에 돌아온 군의관이 그런 내 모습을 보더니 급히 구급차로 수도통합병원으로 이송했다. 아무래도 유행성출혈열 같다고 했다. 절망했다. 당시만 하더라도 유행성출혈열의 사망률은 매우 높았기 때문이다.

응급실에 도착해 채혈부터 해보니 유사장티푸스라는 병명이 나왔다. 안도감이 몰려왔다. 내과 병동으로 옮겨졌다. 기본적인 처치를 받았으나, 차도는 여전히 없었다. 몸은 말로 표현할 수 없을 만큼 아팠다. 무엇보다 갈증이 가라앉지 않았다. 군의관에게 갈증을 호소했더니, 물을 많이 마시라는 말만 했다. 그런데 물을 마실수록 정신이 혼미해졌다. 의식도 점차 사라졌다. '아, 이렇게 죽는구나'라는 느낌이 희미하게 들었다. 그 순간, 그때까지만 해도 교회 근처에는 가본 적도 없던 내 입에서 이런 말이 나왔다.

"하나님, 살려주세요!"

그 절박한 순간에 하나님께 간절히 기도하며, "살려만 주시면 하나님께서 원하시는 모든 것을 다하겠습니다"라고 다짐했다. 그렇게 생명을 구하면서, 나는 기적적으로 하나님의 은혜를 경험했다.

얼마나 시간이 지났는지 알 수 없으나, 다행히 정신이 돌아왔다. 그리고 얼마 지나지 않아 계속 소변이 나왔다. 한나절도 안 되었는데, 링거병으로 10병은 나온 것 같다. 그런 나의 모습을 본 군의관이 다시 채혈하더니, 부랴부랴 유행성출혈열 병동으로 나를 옮겼다.

나중에 알게 된 사실이지만, 나의 채혈 튜브가 누군가의 실수로 유사장티푸스에 걸린 다른 사람의 것과 바뀌어 있었다. 그래서 나를 유사장티푸스에 걸린 환자로 잘못 알고서 일반내과로 보낸 것이었고, 채혈 튜브가 바뀐 누군가는 나 대신 유행성출혈열 병동에 간 것이었다. 참으로 어처구니없는 일이었다.

유행성출혈열에 걸리면 물을 절대 마시면 안 된다. 신장 기능이 멈춰 있기 때문이다. 그 상태에서 물이 들어가면 삼투압과 팽압의 원리로 적혈구가 터져, 몸 안의 여기저기에서 내출혈이 급격히 일어난다. 바로 사망하게 되는 것이다. 이때의 문제는 유행성출혈열에 걸린 사람이 누구도 상상할 수 없는 갈증을 느낀다는 것이다. 내가 경험한 갈증은 말로 설명이 안 될 정도였다. 그런 줄도 모르고 유사장티푸스라고 오해하여 물을 마셨는데 죽지 않고 살아났으니, 그 얼마나 큰 은혜이고 기적인가!

회개하지 않으면 견딜 수 없었다

나는 죽지 않고 살아났다. 그러나 그 은혜를 바로 잊고서 세상 속으로 돌아가고 말았다. 마치 예수님께 치유 받은 열 명의 문둥

병자들과 비슷했다. 그들 가운데 감사하다며 예수님께 돌아온 사람은 사마리아인 한 명뿐이었다. 나머지 아홉 명은 예수님으로부터 치유의 은혜를 받고도 세상으로 떠났다(눅 17:11-18). 나 역시 그들과 같았다. 하나님께서 베푸신 은혜로 새로운 삶을 받았음에도 불구하고, 그 은혜를 기억하지 않고 세상 속으로, 뒤도 돌아보지 않고, 심지어 뛰어갔다.

> ¹¹예수께서 예루살렘으로 가실 때에 사마리아와 갈릴리 사이로 지나가시다가 ¹²한 마을에 들어가시니 나병환자 열 명이 예수를 만나 멀리 서서 ¹³소리를 높여 이르되 예수 선생님이여 우리를 불쌍히 여기소서 하거늘 ¹⁴보시고 이르시되 가서 제사장들에게 너희 몸을 보이라 하셨더니 그들이 가다가 깨끗함을 받은지라 ¹⁵그 중의 한 사람이 자기가 나은 것을 보고 큰 소리로 하나님께 영광을 돌리며 돌아와 ¹⁶예수의 발 아래에 엎드리어 감사하니 그는 사마리아 사람이라 ¹⁷예수께서 대답하여 이르시되 열 사람이 다 깨끗함을 받지 아니하였느냐 그 아홉은 어디 있느냐 ¹⁸이 이방인 외에는 하나님께 영광을 돌리러 돌아온 자가 없느냐 하시고 _눅 17:11-18

나병환자는 사람들이 모이는 곳에는 갈 수 없었다. 당연히 예수님이 계시는 마을로 들어갈 수 없었다. 그러니 멀리 서서 소리지르는 것 말고는 할 수 있는 일이 없었다. 그들은 얼마나 간절했을까? 얼마나 소리를 질렀을까? 모르기는 해도 목소리가 나오지 않을 때까지 소리 질렀을 것이다. 죽음이 눈앞에 있던 나 역시 그렇게 간절했었다.

그런데 예수님이 나병환자들에게 하신 '처방'은 제사장에게 가라는 말씀이었다. 그들은 예수님께서 자기들의 소리를 들으셨다는 것만으로도 감사했다. 자신들의 몸을 확인할 겨를도 없이 제사장들에게 뛰어갔다. 원래 율법대로라면 나병이 나은 것을 스스로 확인한 다음, 그걸 공식적으로 확인받기 위하여 제사장에게 보이러 가야 했다. 그런데 그들은 제사장에게 가다가 나은 것을 알았다. 아마도 예수님의 말씀이니 그대로 믿었기 때문이었을 것이다. 그들이 얼마나 기뻐했겠는가? 필자 역시 마찬가지였다. 다시 살아났다는 게 얼마나 기뻤는지, 지금 생각해도 가슴이 벅차오른다.

나중에 내 얼굴을 익힌 군의관이 내게 말했다. "그렇게 물을 많이 마시면 유행성출혈열 환자는 살아나기가 거의 힘듭니다. 이건 기적이라고 말할 수밖에 없는 일입니다."

그가 기독교인이었는지 아니었는지는 알 길이 없다. 그때의 나 또한 기독교인이 아니었기에, 그의 말에 아무런 말도 할 수 없었다. 그런데 이제는 그에게 확실히 말할 수 있다. 하나님께서 살려주신 것이라고! 그때의 나는 믿음이 전혀 없었지만, "살려주세요"라는 간절한 외침을 주님께서 들어주신 것이라고 말이다. 그 일이 기적이 아니면 무엇이 기적이겠는가? 내게 일어난 기적은 어쩌면 열 명의 문둥병자가 경험한 기적보다 더한 기적이었다. 그와 같은 은혜를 받았으면, 나도 바로 주님께 뛰어가야 하지 않았겠는가?

나병에서 고침 받은 환자들 역시 내가 경험한 기적을 체험한 것이다. 먼 거리에서 소리를 질렀을 정도로 간절하게 바라던 나병이 나았으면 당연히 열 명 모두 예수님께 쫓아와 엎드려 절하고 감사해야 하지 않았을까? 그런데, 그중에서 사마리아인 한 사람만 예수님께 왔다. 예수님께서 그에게 말씀하셨다. "열 사람이 다 깨끗함을 받지 않았느냐? 나머지 아홉은 어디 있느냐?" 주님께서는 나도 그렇게 찾으셨을 것이다. "유행성출혈열로 죽어가던 박상욱은 깨끗함을 받지 않았느냐? 그는 지금 어디 있느냐?"

나는 나머지 아홉 명 틈에 끼어 세상 속으로 뛰어갔다. 뒤돌아보지도 않았다. 그런 일이 언제 있었냐는 듯이 말이다. 그런데 북경에서 사업을 하고 있던 그 어느 날 새벽, 하나님께서 나를 찾아오셔서는 까맣게 잊어버리고 있었던 군대 시절의 그 일을 생각나게 하셨던 것이다. 특별히 이 아가서 말씀을 통해서였다.

> 내가 잘지라도 마음은 깨었는데 나의 사랑하는 자의 소리가 들리는구나 문을 두드려 이르기를 나의 누이, 나의 사랑, 나의 비둘기, 나의 완전한 자야 문을 열어 다오 내 머리에는 이슬이, 내 머리털에는 밤이슬이 가득하였다 하는구나 _아 5:2

밤낚시를 좋아했던 나는 머리에는 이슬이, 머리털에는 밤이슬이 가득하다는 말이 무슨 의미인지 알고 있었다. 그것은 밤의 긴 시간이 지났다는 뜻이다. 밤이 지나 새벽이 가까이 와야 그렇게 된다. 솔로몬은 술람미 여인의 문을 밤새도록 두드린 것이다. 그 순간 나는 깨달아졌다. 하나님께서 나의 마음을 그렇게 긴 시간 동안 두드리셨다는 것을 말이다. 그 아가서의 말씀을 통해 주님의 감동이 다가왔다.

"마음의 문을 열어다오. 너를 기다리느라 나의 머리에 이슬이 가득하구나."

머리가 두 무릎 사이에 떨어졌다. 눈물과 콧물이 범벅이 되었다. 시간의 모든 흐름이 멈추어졌다. 25년 전, 군대 시절의 사건이 크게 클로즈업되었다. "살려만 주시면 하나님이 원하시는 모든 것을 다하겠습니다"라고 주님께 다짐했던 그 시간이 환상으로 눈앞에 펼쳐졌다. 나의 주님께서 내가 죽음 앞에서 하나님을 간절히 찾았던 그때를, 주님을 버리고 세상 속으로 갔던 나를 다시 생생하게 기억나게 해주신 것이다. 나는 잊고 있었다. 주님께서 주신 새 생명에 대한 감사함을 까맣게 잊고 있었다. 그날 새벽에, 나는 주님을 그렇게 만났다. 지난날의 나를 되돌아보니, 회개하지 않고는 견딜 수 없었다.

회개는 했는데, 왜 마음은 싸늘했을까?

그날 이후, 나의 회개는 더 깊어졌다. 성령님의 인도하심에 따라, 매일 회개했다. 그러나 아무리 회개해도 끝이 보이지 않았다. 내 삶이 얼마나 많은 죄에 얽혀 있었는지를 깨닫게 되었기 때문이다. 그동안 내가 알지 못했던 내 안의 죄가 그토록 컸었다는 사실에 큰 충격을 받았다. 내가 내 죄를 깨달았기 때문에 회개한 것이기도 했지만, 성령님께서 나를 끊임없이 회개하게 하셨다는 말이 옳을 것이다. 그 과정에서 나는 나 자신이 진정한 죄인임을 절실히 깨달았다. 내 삶의 모든 것이 죄로 시작되고 죄로 끝나는 듯한 느낌이 들었다. 하나님은 내 죄가 얼마나 깊고 광범위하게 넓은지 계속 떠올리게 하셨고, 때로는 환상으로 그 죄를 보여주셨다.

나는 긴 시간 동안, 성령님의 감동으로 지난 모든 죄를 하나하나 회개했다. 그 회개 속에서 말로 표현할 수 없는 기쁨과 은혜를 경험했다. 그동안 내가 살아왔던 삶이 나의 삶이 아니라 죄의 삶이었음이 깨달아졌다. 그러면서 삶의 모든 부분에서 평온함을 유지할 수 있었다. 사업에 어려움이 와도 이제는 크게 문제가 되지 않았다.

회개한 이후 내 마음속 깊은 곳에서 흘러나오는 평안과 기쁨은 말로 형언할 수 없는 것이었다. 회개 이후 교회에서 말씀을 들을 때마다, 성경을 읽을 때마다 꿀송이보다 더 달게 느껴졌다. 완전히 다른 세상에 들어선 듯한 느낌을 받았다. 내가 지금까지 살아왔던 세계가 아니었다. 새로운 세계가 나를 감싸고 있었다. 나는 더 회개에 매달리게 되었다. 매일 부어지는 기쁨에서 벗어나지 않으려고 끊임없이 회개하며, 그 기쁨을 붙잡으려 애썼다.

그런데 어느 날부터는 뭐라고 설명할 수 없는 이상한 것을 느끼기 시작했다. 마음 깊은 곳에서 황량한 기운이 조금씩 밀려왔다. 차가운 무엇인가가 내 안을 점점 채우는 듯한 느낌이었다. 고 박완서 작가가 비바람이 부는 안 좋은 날씨를 '노한 시어머니의 마음씨'에 비유한 표현이 떠올랐다. 당시의 나는 회개가 부족해서 그런 것이라고 여겨, 더욱 간절히 주님께 회개했다.

"이 죄인을 용서하여 주시옵소서."

"내가 행한 모든 죄를 자복하오니 용서하여 주시옵소서."

하지만 내 속에 들어온 싸늘함과 황량함은 쉽게 가시지 않았다. 점점 더 깊어졌다. 아무리 발버둥을 쳐도 이유를 알 수 없었다. 그 이유를 깨닫기까지 꽤 오랜 시간이 필요했다. 신학을 공부한 것도 회개의 문제를 이해하기 위한 노력의 일환이었다. 그렇게 해서 깨닫게 된 회개의 의미와 나의 회개 경험 등을 글로 써서 정리하기 시작했다. 그렇게 쓴 글을 정리하고 또 정리하여 이 책이 됐다.

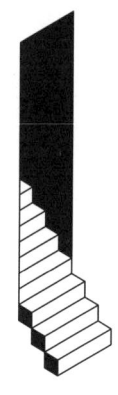

02
성경이 말하는 회개

◇◇◇ **회개의 성경적 의미**

사전에서 회개(悔改)는 뉘우칠 회(悔), 고칠 개(改)라는 단어를 사용하여 사람이 무엇인가 잘못된 일을 뉘우치고 고치는 것을 말한다. '잘못된 생각이나 행동을 떠나, 정신적, 도덕적으로 더 나은 방향으로 돌아가는 것'을 의미하는 것이다. 자기의 잘못을 인정하고, 그로 인한 후회와 슬픔을 느끼며, 더 나은 삶의 방향으로 변화하려는 뜻을 담고 있다. 기독교적으로는 죄를 깨닫고, 하나님과의 관계를 회복하거나 자기의 행동을 바로잡는 과정을 포함한다. 회개는 근본적으로 죄의 통치에서 하나님의 통치 안으로 들어가서 관계를 회복하는 과정을 말한다. 또한 예수 그리스도를 중심으로 하는 삶으로 방향을 바꾸는 의미도 포함하고 있다. 회개는 개인의 영적 성장과 변화에도 적용될 수 있으며, 간혹 사람과 사람과의 관계에서 사용되기도 한다.

> ³너희는 스스로 조심하라 만일 네 형제가 죄를 범하거든 경고하고 회개하거든 용서하라 ⁴만일 하루에 일곱 번이라도 네게 죄를 짓고 일곱 번 네게 돌아와 내가 회개하노라 하거든 너는 용서하라 하시더라 _눅 17:3-4

회개를 통해 새사람이 되어 삶으로써 세상의 죄의 영향력을 이겨낼 수 있다.

> ²²너희는 유혹의 욕심을 따라 썩어져 가는 구습을 따르는 옛사람을 벗어 버리고 ²³오직 너희의 심령이 새롭게 되어 ²⁴하나님을 따라 의와 진리의 거룩함으로 지으심을 받은 새사람을 입으라 _엡 4:22-24

회개는 인간의 삶에 깊은 영향을 미친다. 자신과 타인에게는 물론이요, 더 나아가 하나님과의 관계를 개선하기 위해서도 중요한 일이다.

인간 존재 전체의 방향 전환

회개는 단순히 감정의 표현이나 윤리적 후회에 그치지 않는다. 성경은 회개가 인간 존재 전체의 방향 전환이라고 묘사한다. 회개의 이런 개념은 구약과 신약을 아우르는 중심 주제 중 하나다. 그러므로 회개의 깊은 의미를 이해하려면 원래의 성경, 즉 히브리어와 헬라어 성경에서 회개에 사용된 단어들을 살펴보는 것이 중요하다. 성경의 원어인 히브리어와 헬라어는 단순한 언어 이상의 신학적 풍성함을 담고 있다. 회개에 대한 구약성경의 히브리어와 신약성경의 헬라어는 회개의 본질과 범위를 각각 구체적으로 드러내며, 회개의 개념을 서로 다른 관점에서 설명한다. 그 설명에는 마음의 변화뿐 아니라 행동의 전환과 존재의 회복까지 포함되어 있다. 따라서 회개를 원어로 고찰하는 일은 회개의 본질을 깊이 이해하는 데서 중요한 출발점이 된다.

헬라어로 기록된 신약성경에서 회개에 사용된 단어는 '메타노이아'와 '에피스트로페' 두 가지다. '메타노이아'는 명사이며, '메타노에오'는 '회개하다'라는 뜻의 동사다. 메타노에오는 '바꾸다'라는 뜻의 '메타'와 '생각하다'라는 뜻을 가진 '노에오'의 합성어다. '바꾸어 생각하다' 또는 '마음을 바꾸다'라는 마음의 변화를 의미한다. 그에 비해 에피스트로페는 행동의 변화에 중점을 둔다.

히브리어로 기록된 구약성경에서 회개의 의미를 가지는 단어는 '슈브'와 '나함' 두 가지다. 두 단어의 의미는 비슷하지만, 적용에는 차이가 있다. 누가 주로 사용하느냐에서 차이가 있고, 뉘앙스에도 차이가 있다.

'슈브'는 '돌아오다, 회복하다, 새롭게 하다' 등을 의미하는 동사이다. 기본적으로 방향을 바꾸거나 되돌아가는 행위를 나타낸다. 이 단어는 하나님께서 인간들에게 '돌아오라'고 요구하시는 말씀에서 주로 사용되었다. 사람에게 회개를 말할 때 사용된 것이고, 사람들이 하나님을 떠나 있던 상태에서 하나님의 규율과 원하시는 길로 다시 돌아온다는 의미가 있다. 그런 만큼 이 단어는 구약성경의 여러 곳에서 나타난다. 구약성경 전체에서 무려 1067번이나 사용되었는데, 그중에서 제사 등의 종교적 의미로 쓰인 경우는 118번이다. 이 단어의 등장 횟수에 대해서는 사본과 신학자에 따라 조금 다르긴 하지만, 구약성경에서 그 정도로 많이 사용되었다는 건 이 단어가 회개의 의미를 잘 설명하는 것이기 때문으로 볼 수 있다. 즉, 회개는 하나님께 돌아가는 것이고, 회복되며 새롭게 되는 것이다. 하나님의 말씀을 대신 전했던 선지자들이 "죄악을 버리고 하나님께 돌아오라"고 강조할 때도 슈브를 주로 사용했다.

'나함'은 '회개하다, 슬퍼하다, 뉘우치다, 후회하다, 위로하다' 등의 의미로 사용되는 동사다. 나함은 하나님과 사람들의 상호작용에서 나타난다. 구약성경에서 사람과 하나님과의 관계 개선에서 중요한 개념이며, 회개와 관련해서도 중요한 개념을 가지고 있다. 구약성경에서 나함이 사용된 횟수는 108번이다. 대개는 여호와 하나님과 관련하여 사용되었다. 하나님께서 사람을 창조하신 것을 '후회'(한탄)하신다고 할 때 이 단어를 사용하셨다.

⁵여호와께서 사람의 죄악이 세상에 가득함과 그의 마음으로 생각하는 모든 계획이 항상 악할 뿐임을 보시고 ⁶땅 위에 사람 지으셨음을 한탄하사 마음에 근심하시고 ⁷이르시되 내가 창조한 사람을 내가 지면에서 쓸어버리되 사람으로부터 가축과 기는 것과 공중의 새까지 그리하리니 이는 내가 그것들을 지었음을 한탄함이니라 하시니라
_창 6:5-7

의미로는 회개(후회)이지만, 인간이 사용할 말은 아닌 것이다.

◇◇◇ **회개는 하나님께로 향하는 것이다**

삶의 길이 바뀌는 행동과 마음의 변화

회개는 자신의 의지대로 살던 삶(생활)의 길에서 하나님에게로 삶의 길을 바꾸는 변화이다. 여기에는 외적인 행동의 변화뿐 아니라 영적인 변화도 해당된다. 영적인 변화란 자신의 이전 삶의 모든 관습이 바뀌어 새로운 삶을 이룰 수 있는 내면의 모든 변화를 말한다. 모세는 과거의 모든 행동을 버리고 하나님께 돌아갈 것을 말하며, 무엇보다 마음의 변화를 강조했다.

너는 마음을 다하고 뜻을 다하고 힘을 다하여 네 하나님 여호와를 사랑하라 _신 6:5

이스라엘아 네 하나님 여호와께서 네게 요구하시는 것이 무엇이냐 곧 네 하나님 여호와를 경외하여 그의 모든 도를 행하고 그를 사랑하며 마음을 다하고 뜻을 다하여 네 하나님 여호와를 섬기고 _신 10:12

모세는 마음을 다하는 것, 즉 사랑을 담은 마음의 변화만이 여호와를 섬길 수 있다고 강조했다. 그는 이런 마음의 변화를 육체적인 변화에 빗대어 '마음의 할례'라고 말했고, 본질적으로 깊은 변화가 필요함을 강조하였다.

그러므로 너희는 마음에 할례를 행하고 다시는 목을 곧게 하지 말라 _신 10:16
네 하나님 여호와께서 네 마음과 네 자손의 마음에 할례를 베푸사 너로 마음을 다하며 뜻을 다하여 네 하나님 여호와를 사랑하게 하사 너로 생명을 얻게 하실 것이며 _신 30:6

그런데 우리의 마음은 죄의 영향을 받을 수밖에 없어서 하나님의 법을 따르기가 어렵다. 이에 대해 사도 바울은 다음과 같이 고백했다.

내가 행하는 것을 내가 알지 못하노니 곧 내가 원하는 것은 행하지 아니하고 도리어 미워하는 것을 행함이라 _롬 7:15

우리 마음에 들어오는 생각을 스스로 컨트롤할 수 없다는 뜻이다.

죄가 인간을 공격할 때는 먼저 마음의 생각을 통한다.

> 마귀가 벌써 시몬의 아들 가룟 유다의 마음에 예수를 팔려는 생각을 넣었더라 _요 13:2

이것은 구약시대나 신약시대나 마찬가지이다. 다만 차이가 있다면, 구약시대에는 죄의 공격에 대해 우리 스스로 율법을 통해 이겨내야 하지만, 신약시대에는 성령님을 통해 이길 수 있게 된 것이다. 그래서 신약시대의 회개는 개인의 의지가 아닌 성령님이 회개의 영으로 임하셔서 회개하는 마음을 부어주시기 때문에 할 수 있는 것이다. 즉, 성령님의 감동으로 회개하는 것이다. 성령님으로 인해 우리의 혼과 몸이 죄의 영향력에서 온전히 끊어지게 되는 것을 말한다.

회개는 행동의 변화인데, 그 변화를 먼저 이끌어내는 것은 마음과 생각을 통해서이다. 마음의 변화는 내가 하는 것이 아닌 성령님에 의해서이다. 따라서 회개는 하나님께서 주시는 영적 힘으로 하게 되는 마음의 변화라는 것을 알아야 한다.

> 거역하는 자를 온유함으로 훈계할지니 혹 하나님이 그들에게 회개함을 주사 진리를 알게 하실까 하며 _딤후 2:25

하나님을 너무 쉽게 생각해서 회개하지 않는다

우리가 의롭다 하심을 얻으려면 옛사람을 십자가에 못 박아야 한다. 그것뿐이 아니다. 세상에 대해서도 그렇게 못 박아야 한다.

> 그러나 내게는 우리 주 예수 그리스도의 십자가 외에 결코 자랑할 것이 없으니 그리스도로 말미암아 세상이 나를 대하여 십자가에 못 박히고 내가 또한 세상을 대하여 그러하니라 _갈 6:14
>
> 내가 그리스도와 함께 십자가에 못 박혔나니 그런즉 이제는 내가 사는 것이 아니요 오직 내 안에 그리스도께서 사시는 것이라 이제 내가 육체 가운데 사는 것은 나를 사랑하사 나를 위하여 자기 자신을 버리신 하나님의 아들을 믿는 믿음 안에서 사는 것이라 _갈 2:20

그런데 안타깝게도 예수님만 십자가에 못 박고 자신은 말씀대로 죽지 않는 것 같다. 그 바탕에는 '하나님을 너무 쉽게 생각하는 마음'이 있는 것 같다. 우리가 회개하지 않는 것은 '하나님을 두려워하지 않는 마음' 때문이 아닐까 싶은 것이다. 만약 조금이라도 하나님을 두려워하는 마음이 있다면, 지금 기독교인들의 모습은 다를 것이다. 회개는 하나님을 진지하게 두려워하는 마음에서 생겨난다.

모든 기독교인은 믿음으로 구원을 받는 사람들이다. 그러나 모두 각자 행한 행위로 심판은 받는다. 기독교인이라고 예외는 아닌 것이다. 하나님께서 우리의 말과 행동에 대한 책임을 요구하실 날이 반드시 온다. 그러므로 모든 기독교인은 심판의 하나님이 계시다는 사실을 잊어선 안 된다. 심판대에 서기 전에 회개해야 한다는 걸 잊어선 안 되는 것이다.

> 또 내가 보니 죽은 자들이 큰 자나 작은 자나 그 보좌 앞에 서 있는데 책들이 펴 있고 또 다른 책이 펴졌으니 곧 생명책이라 죽은 자들이 자기 행위를 따라 책들에 기록된 대로 심판을 받으니 _계 20:12

그러면 회개는 어디서 비롯되는가? 죄를 미워하는 하나님의 마음이다. 바울 사도는 하나님의 뜻대로 하는 근심이 필요하다고 말했다.

> 하나님의 뜻대로 하는 근심은 후회할 것이 없는 구원에 이르게 하는 회개를 이루는 것이요 세상 근심은 사망을 이루는 것이니라 _고후 7:10

이 말씀에서 '하나님의 뜻대로 하는 근심'과 '구원에 이르게 하는 회개를 이루는 것'은 같은 말이다. 하나님의 시각에서 자신을 바라보아야 한다는 뜻이다. 이것은 하나님의 기준으로 자신이 행한 모든 행위의 잘못을 분별하고, 그것을 회개하는 것을 말한다. 즉, 회개의 근거와 중심이 하나님이신 것이다. 우리의 영적 분별력의 기준은 언제나 하나님이시다.

하나님이 중심이 되는 회개가 이루어지기 위해서는 하나님에 대한 경외의 마음이 있어야 한다. 하나님을 두려워하는 마음 없이는 회개가 쉽지 않다. 하나님을 경외하는 두려움과 영적 거룩함은 우리를 하나님의 살아 있는 온전한 성전으로 만든다.

> 하나님의 성전과 우상이 어찌 일치가 되리요 우리는 살아 계신 하나님의 성전이라 이와 같이 하나님께서 이르시되 내가 그들 가운데 거하며 두루 행하여 나는 그들의 하나님이 되고 그들은 나의 백성이 되리라 _고후 6:16

하나님께서는 우리가 하나님의 백성이라고 하신다. 그래서 우리는 하나님이 드러나시는 삶을 살아갈 수 있다. 하지만 그 삶은 하나님을 경외하고 두려워하며 회개할 때만 가능하다.

하나님께 죄를 회개해야 하는 본질적 이유

우리는 회개한다고 하면 보통 죄를 지은 대상에게 해야 한다고 생각한다. 죄를 지은 대상에게 사과하고 배상할 것이 있으면 직접 하는 것이 당연하다. 그러나 본질적으로 회개는 하나님께 하는 것이다. 이에 관하여 좋은 사례가 성경에 있다. 밧세바를 범한 다윗의 이야기다. 다윗은 시편에서 회개와 관련해 놀라운 고백을 한다.

> 내가 주께만 범죄하여 주의 목전에 악을 행하였사오니 주께서 말씀

하실 때에 의로우시다 하고 주께서 심판하실 때에 순전하시다 하리이다_시 51:4

다윗은 밧세바와 간음하고, 밧세바의 남편이자 자기의 충직한 부하인 우리아를 죽게 했다. 다윗이 회개하는 것이면 당연히 그들에게 해야 한다. 명백하게 밧세바와 우리아에게 죄를 지었기 때문이다.

그런데 "내가 주께만 범죄하였다"라는 고백은 놀랍고 충격적이다. 다윗이 왜 이런 고백을 했는지 궁금하지 않을 수 없다. 다윗의 그 고백을 이해하려면 포도원을 차지하려고 주인의 아들까지 죽인 포도원 농부의 비유를 이해해야 도움이 된다(마 21:33-39). 이 사건을 일으킨 농부들은 우리 상식으로 이해되지 않는 행동을 하였다. 그 이유가 무엇일까? 그 포도원이 자기들 것이라는 생각이 그들의 마음속 깊은 곳에 깔려 있기 때문이었다. '우리가 고생해서 일궈 놓은 포도원이니까, 이 포도원은 당연히 우리 것이다'라고 생각했다는 것이다. 포도원 농부들의 이런 생각은 당연히 잘못되었다. 일은 그들이 했어도, 소유권은 주인에게 있었다.

믿음이 좋은 기독교인이라 하더라도 착각하기 쉬운 것이 있다. 자기 자신과 관련된 모든 것을 자기 것으로 생각하는 것이다. 우선 몸이 자기 것이라고 생각한다. 자식, 재산, 사회적 위치 모두 자기 것이라고 생각한다. 틀린 말은 아니다. 이 땅의 법으로는 옳다. 소유권 관련 서류를 떼보면 자기 이름으로 돼 있기 때문이다. 그러나 우리 주변의 모든 것에서 사실상 하나님께서 만들지 않으신 게 어디 하나라도 있는지 생각해보라.

> ¹⁰이는 삼림의 짐승들과 뭇 산의 가축이 다 내 것이며 ¹¹산의 모든 새들도 내가 아는 것이며 들의 짐승도 내 것임이로다 ¹²내가 가령 주려도 네게 이르지 아니할 것은 세계와 거기에 충만한 것이 내 것임이로다 _시 50:10-12

나의 몸은 물론이고, 나의 모든 소유는 하나님이 창조하신 것이다. 나와 관계를 맺고 있는 주변 사람들도 다 하나님께서 창조하셨다. 심지어 나와 관련된 모든 추상적인 것까지 전부 하나님이 만드신 것이다.

> ¹⁷그러나 네가 마음에 이르기를 내 능력과 내 손의 힘으로 내가 이 재물을 얻었다 말할 것이라 ¹⁸네 하나님 여호와를 기억하라 그가 네게 재물 얻을 능력을 주셨음이라 _신 8:17-18상

이 말씀처럼 우리 삶의 모든 것에서 어느 것 하나라도 하나님의 것이 아닌 것은 하나도 없다. 모든 것이 하나님의 것이다.

> 땅과 거기에 충만한 것과 세계와 그 가운데에 사는 자들은 다 여호

와의 것이로다 _시 24:1

　이 말씀이 조금이라도 심중에 들어온다면, 하나라도 내 것이라고 생각했던 것이 얼마나 잘못되었는지를 깨닫게 된다. 물론 하나님을 알지 못하는 사람들은 이 사실을 인정하지 못한다. 당연하다. 그런데, 기독교인들조차 자기가 소유하고 있는 것들을 자기의 노력으로 얻은 자기 것으로 생각한다면, 얼마나 큰 문제인가?
　다윗은 나단 선지자를 통해 자신의 죄를 깨달은 후, 하나님께 회개하며 하나님 중심의 삶을 살아왔던 자신을 되돌아보았다. 그러면서 자신이 저지른 죄가 본질상 사람에게 저지른 것이 아니라는 것을 깨달았다. 물론 앞에서도 언급했듯이, 사람에게 저지른 죄가 결코 사람에게 범죄한 것이 아니라는 의미는 아니다. 범죄의 일차 대상은 사람일지 몰라도, 근본적으로 죄를 범한 대상은 하나님인 것이다. 다윗이 그것을 우리에게 알려준 것이다.
　사실 근본적인 의미에서, 우리가 범하는 모든 범죄는 선악의 기준이신 하나님을 향한 것이다. 하나님을 떠나서 죄가 주는 영향 아래, 죄의 본성을 따라 사는 모든 인간은 필연적으로 죄를 짓게 될 수밖에 없다. 거듭 태어나고, 구원을 받은 자라고 하더라도 마찬가지다. 누구도 옛사람의 구습에서 자유로울 수 없기 때문이다(롬 5:12). 우리가 구원받았음에도 불구하고 회개해야 하는 이유가 또한 여기에 있다.

회개는 죄악으로 가득 찬 이 땅이라는 망망대해에서, 하나님의 통치 아래에서 살아갈 길을 비추는 등대와 같다. 우리가 영적 성장을 이루기 위해서는 삶의 매 순간 주님 안에 있어야 하는데, 그러자면 늘 주님의 통치 안에 있어야 한다. 그래야 영적 분별력이 또한 생긴다. 그러나 우리가 아무리 말씀을 읽고 기도해도 영적으로 언제나 주님의 통치 안에 있기는 어렵다. 그런데 회개는 우리를 주님의 통치 안에 있게 한다. 그리하여 영적 성장을 이루게 한다. 그러므로 우리는 회개해야 한다.

나의 모든 것이 하나님의 것이라는 걸 절대 잊지 말자. 내 주변의 모든 것도, 모든 사람도 다 하나님의 것이다. 회개는 삶의 매 순간, 나의 모든 것이 주님의 것임을 깨닫게 해준다. 이 사실은 우리가 외우고 암기해서 이해하는 것이 아니다. 회개를 통해 믿어지게 되는 것이다. 내가 내 삶의 주인이라는 생각이 회개를 통해 죽어 없어지지 않으면, 우리는 결코 죄의 종이라는 신세에서 벗어날 수 없다. 결국 어느 순간, 주인의 아들까지 죽이는 '포도원 농부'처럼 되고 만다. 그러므로, 지금 회개하자.

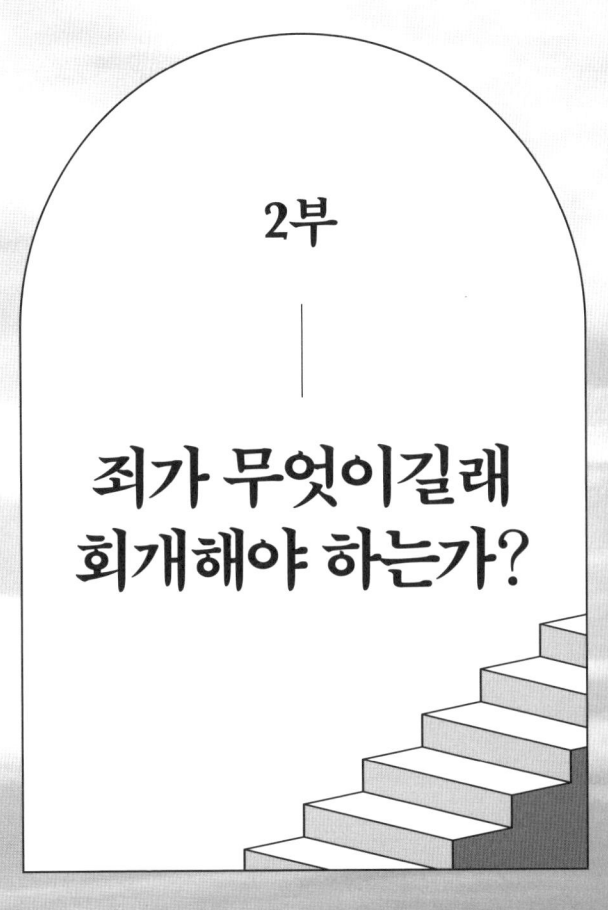

2부

죄가 무엇이길래 회개해야 하는가?

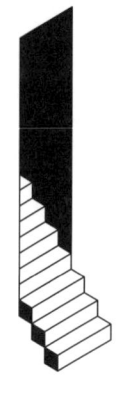

03
성경이 말하는 죄

◇◇◇ **죄에 대한 구약성경의 단어**

회개해야 하는 이유는 간단하다. 우리에게 죄가 있기 때문이다. 그렇다면 죄가 무엇인지 알아야 회개도 하게 된다. 죄를 알려면 하나님의 말씀인 성경을 알아야 한다. 성경의 구약과 신약에서 죄가 무엇이라고 말하는지 살펴보자.

성경이 말하는 죄는 단순히 도덕적이고 윤리적인 문제만이 아니다. 구약성경도 죄가 도덕적이고 윤리적인 문제만을 의미하는 것은 아니라고 말한다. 구약성경은 사람이 하나님과의 관계를 온전히 지키지 못하는 것, 즉 관계의 문제로서의 죄를 말한다. 하나님과의 언약적 관계 중심으로 죄를 설명하는 것이다. 구약성경에는 이러한 죄의 성격을 다각도로 설명하기 위해 여러 히브리어 단어가 사용되었다.

성경이 여러 단어를 통해 구체적으로 죄를 말한 이유는 인간의 죄가 얼마나 깊고 복합적이며 현실적인지를 알려주려는 것이다. 특별히 죄에 대한 구약성경의 단어들은 우리의 존재 자체와 그에 따른 행위에 관련된 것들이어서 의미가 깊다.

① 하타(חָטָא, Hata)

하타의 뜻은 '과녁을 놓치다, 길에서 벗어난다'이다. 이것이 구약성경에서 가장 일반적으로 사용된 죄의 개념이다. 이 단어는 죄를 하나님의 거룩한 뜻과 목적에서 벗어난 모든 행위와 태도로 규정한다.

하나님께서는 사람을 자신의 형상으로 창조하셨다(창 1:27). 하나님의 뜻과 영광을 위해 살아가도록 사람을 지으시고 부르신 것이다. 그런데 인간은 자유의지를 남용하여 자기 길을 스스로 선택했다. 이것이 바로 하타이다. 과녁을 빗나간 것이다. 하나님의 뜻에서 완전히 벗어났다는 것이다.

하타는 실수처럼 보일 수도 있다. 그러나 그 뿌리는 인간의 내면 깊은 곳에 자리 잡은 자기중심적 생각이다. 더 깊은 바탕에는 마귀가 있다. 죄는 단지 나쁜 행동이 아니라, 하나님이 계시지 않는 방향을 선택하는 것이기 때문이다.

우리는 다 양 같아서 그릇 행하여 각기 제 길로 갔거늘 여호와께서

는 우리 모두의 죄악을 그에게 담당시키셨도다 _사 53:6_

이 말씀에서 "각기 제 길로 갔다"라고 표현한 것이 바로 죄다. 인간은 하나님과의 인격적 관계를 의도적으로 외면하고, 자기 자신을 인생의 주인으로 삼으려 한다. 이것이 죄다.

② 아원(עָוֹן, Avon)

아원(아온)은 '비틀어지다, 왜곡되다'라는 뜻이다. 이 단어는 죄의 왜곡된 본성과, 죄인이 짊어져야 할 도덕적 책임을 포함한다. 인간의 외적 행위뿐 아니라 내면의 성향과 본성 자체가 타락했음을 시사하는 단어다. 인간의 마음, 사고, 욕망, 판단력 등이 본래의 창조 목적에서 벗어나 거짓되고 사악한 방향으로 비틀어졌다는 말이다. 이것은 단순히 행동의 문제를 넘어선 것이다. 인간 존재 전체가 병들었고, 회복할 수 없을 만큼 망가졌다는 것을 나타낸다. 그래서 다윗은 "내가 죄악 중에 출생하였다"라고 고백한다.

> 내가 죄악 중에서 출생하였음이여 어머니가 죄 중에서 나를 잉태하였나이다 _시 51:5_

이것이 바로 아원의 개념이다. 인간이 태어날 때부터 죄된 본성을 지녔다는 원죄의 근거를 나타낸다. 죄를 개별 사건이나 실수로 보지 않고, 인간의 존재 깊숙이 흐르는 본질적 문제로 인식하게 하는 단어가 아원인 것이다. 이 단어의 개념은 이후 신약에서 바울이 말하는 '육체의 소욕'과 '죄의 법'(롬 7장)으로 연결된다. 그러므로 인간이 구속되는, 즉 구원받은 증거는 단지 행동의 변화만이 아니다. 정체성의 변화인 영적 변화를 말하는 것이다.

③ 페샤 (פשע, Pesha)

페샤는 '반역하다, 계약을 깨뜨리다'라는 뜻을 지니고 있다. 죄를 뜻하는 단어 중에서도 가장 심각하고 의도적인 성격을 가진 단어다. 이는 하나님의 통치에 대한 고의적 도전으로, 하나님과 맺은 언약 관계를 파괴하는 행위를 지칭한다. 즉, 하나님을 알면서도 고의적으로 하나님을 거스르는 죄를 말한다. 하나님의 법을 알고도 자신의 의지를 담아 거부하고 대적하는 태도다. 따라서 페샤는 무지로 인한 죄와 완전히 성격을 달리한다. 회개하지 않으면 하나님의 무거운 심판을 결코 피할 수 없는 중대한 죄다. 페샤는 구약에서 이스라엘 백성이 우상숭배로 하나님의 언약을 깨뜨릴 때 자주 사용되었다. 예언자들은 이를 영적 간음으로 묘사한다.

> 내 백성이 두 가지 악을 행하였나니 곧 그들이 생수의 근원되는 나를 버린 것과 스스로 웅덩이를 판 것인데 그것은 그 물을 가두지 못할 터진 웅덩이들이니라 _렘 2:13

예레미야는 이스라엘의 페샤를 하나님의 신실하심에 대한 배신과 간음으로 표현했다. 페샤의 죄는 오늘날 현대인들이 주로 짓는 죄라고 할 수 있다. 슬프게도 오늘날 많은 기독교인들도 페샤의 죄 가운데 있다.

④ 아샴(אשם, Asham)

아샴은 속죄가 필요한 상태, 즉 벌을 받아야 할 책임이 있는 상태를 뜻한다. 구약의 제사제도에서 속건제에 연결되는 죄를 나타내는 의미의 단어이다. 죄의 결과로 생긴 객관적 상태에서 죄에 대해 책임을 진다는 것을 의미한다. 죄인은 단지 잘못을 저질렀을 뿐이 아니다. 그 잘못에 상응하는 책임과 대가를 져야 하는 상태에 놓이게 된다. 이것은 죄가 단순히 심리적 불안감을 조장하거나 후회하게 하는 문제가 아니라, 거룩하신 하나님 앞에서 반드시 다뤄져야 할 정당한 형벌의 대상이라는 뜻이다.

> 여호와께서 그에게 상함을 받게 하시기를 원하사 질고를 당하게 하셨은즉 그의 영혼을 속건제물로 드리기에 이르면 그가 씨를 보게 되며 그의 날은 길 것이요 또 그의 손으로 여호와께서 기뻐하시는 뜻을 성취하리로다 _사 53:10

이 말씀에서는 예수님께서 상함과 질고를 감당하신 것이 인간의 죄에 대한 제물인 '속건제로 드리기에 합당하다'라고 묘사

되었다. 이는 죄인의 죄책을 메시아가 대신 짊어지고 속죄의 제물이 되심을 뜻한다. 이 속건제의 개념이 곧 십자가의 대속이며, 죄의 무게와 구속의 깊이를 동시에 강조한다.

⑤ 라아(רע, Ra)

라아는 단순히 죄라기보다, 악함, 해로움, 파괴성을 포괄하는 단어다. 도덕적, 사회적, 존재론적 차원에서 죄의 결과로 나타나는 악의 본질과 확산성을 드러낸다고 말할 수 있다.

라아는 죄가 단지 개인의 내면에 머무르지 않고, 가정, 사회, 세계 질서에까지 영향을 끼치는 악의 실체로 확장됨을 보여준다. 죄를 영적 문제로만 축소하지 않고, 전체 피조 세계의 타락과 그것을 회복하실 하나님의 구속 사역의 필요성을 제시하는 개념이다. 인간의 죄가 세상 안에 구조적으로 침투하여 사회적 불의, 억압, 전쟁, 우상숭배로 이어지는 악의 문화를 형성하게 된다는 점을 강조한다.

> 여호와께서 사람의 죄악이 세상에 가득함과 그의 마음으로 생각하는 모든 계획이 항상 악할 뿐임을 보시고 _창 6:5_

이 말씀에서 '악할 뿐임을 보시고'에서의 악이 바로 '라아'다.

이상과 같이, 구약에서 사용되는 다양한 죄의 개념은 죄가 단순히 개인의 도덕적 실수에 국한되지 않음을 말한다. 인간 존재 전체의 타락, 하나님과의 언약적 관계 파괴, 사회적 악의 확산, 그리고 속죄의 필요성을 통합적으로 보여준다.

구약의 죄 개념은 신약의 복음과 십자가 사건을 이해하는 데 배경이 된다. 예수 그리스도의 구속은 단지 하타(과녁에서 벗어난 것)를 덮어주는 것이 아니라, 아원(비틀어지고 왜곡된 것)을 치유하고, 페샤(반역한 죄)를 대속하며, 아샴(속죄가 필요한 죄)을 감당하고, 라아(악함, 해로움)를 소멸시키는 총체적 회복의 사역이다(사 53:1-10).

◇◇◇ 죄에 대한 신약성경의 단어

신약성경 역시 죄를 인간의 도덕적 문제로만 보지 않는다. 죄를 하나님과의 관계가 깨어진 상태로 본다. 이는 인간 존재의 중심이 하나님으로부터 인간 자신으로 옮겨진 결과다. 그에 따른 모든 죄의 개념은 타락한 행위와 상태를 포괄적으로 포함한다. 이러한 죄의 실체를 신약성경에서는 다양한 헬라어 단어들을 통해 표현한다. 각각의 단어는 죄의 다양한 측면을 조명하고 있다.

① 하마르티아(ἁμαρτία)

하마르티아는 하나님의 영광에서 벗어남을 나타낸다. 신약에서 죄를 지칭할 때 가장 일반적으로 많이 사용된 단어다. 이 단어는 '표적을 놓치다', 또는 '과녁에서 빗나가다'라는 뜻인 '하마르타네인'에서 유래했다. '하마르티아'는 명사이며, 동사 형태는 '하마르타노'이다.

인간은 하나님의 목적과 영광을 향해 살아가야 할 존재다. 그런데도 그 방향을 잃고 자신의 욕망과 세상의 질서를 따라 살아가는 것을 하마르티아가 의미한다. 그래서 예수님께서 "죄에 대하여라 함은 그들이 나를 믿지 아니함이요"(요 16:9)라고 말씀하셨다. 죄의 본질이 단순한 행동의 문제가 아니라 하나님과의 관계에서 비롯된 것이라고 예수님께서 정확히 말씀하신 것이다.

아담과 하와가 하나님 말씀을 저버리고 자신의 판단을 따랐을 때 죄가 그들에게 들어왔다. 그것처럼 인간이 하나님을 떠나고 예수님을 믿지 않는 것이 곧 죄의 뿌리라는 것이 이 말씀의 핵심이다. 그렇다면, 예수님을 믿지 않는 것이 왜 죄일까?

예수 그리스도는 하나님께 나아가는 유일한 구원의 길이다. 주님께서 친히 말씀하셨다.

> 예수께서 이르시되 내가 곧 길이요 진리요 생명이니 나로 말미암지 않고는 아버지께로 올 자가 없느니라 _요 14:6_

예수님을 거부하는 것이 곧 하나님을 거부하는 것이다. 하나님께서 마련하신 구원의 유일한 길을 거절하는 행위다. 그러므로 죄로 인해 하나님과 단절된 인간이 하나님과 화목할 수 있는 방법은 오직 예수 그리스도를 믿는 믿음을 통해서다.

그러므로 우리가 믿음으로 의롭다 하심을 받았으니 우리 주 예수 그리스도로 말미암아 하나님과 화평을 누리자 _롬 5:1

하나님은 세상을 심판하시려는 것이 아니라 예수 그리스도를 통하여 구원하시려는 뜻을 가지셨다.

하나님이 그 아들을 세상에 보내신 것은 세상을 심판하려 하심이 아니요 그로 말미암아 세상이 구원을 받게 하려 하심이라 _요 3:17

그러므로 예수 그리스도를 거부하는 자는 하나님의 구원 계획을 거절하는 것이다. 끝까지 예수를 거부하는 이들에게는 더 이상의 기회가 주어지지 않으며, 오직 하나님의 심판만이 남는다. 이것이 하나님의 공의이며, 동시에 구속의 복음을 거부한 인류에게 주어지는 마지막 경고다.

② 아노미아 (ἀνομία)

아노미아는 하나님의 명령과 질서를 의식적으로 거부하고 반역하는 태도를 의미한다. 죄가 단지 실수나 무지로 인한 것이 아니라, 하나님의 통치권을 거스르는 것임을 이 단어는 말한다. 자율적 삶을 선택하려는 인간의 고의적인 반항이 아노미아인 것이다.

> 죄(하마르티아)를 짓는 자마다 불법(아노미아)을 행하나니 죄(하마르티아)는 불법(아노미아)이라 _요일 3:4

이 말씀에서 불법은 단순한 위반이 아니다. 하나님의 법과 질서를 거스르는 상태인 아노미아를 의미한다. 이 말씀은 인간의 죄된 본성과 하나님 앞에서의 우리 위치를 분명히 보여준다. 즉, 죄가 단순한 행동의 문제가 아니라 인간의 본질적인 상태를 반영한다는 것이다. 죄를 짓는다는 것은 단순히 잘못된 행동을 의미하는 것이 아니다. 죄가 인간의 삶을 지배하고 있음을 나타낸다. 예수님께서 "불법을 행하는 자들아 내게서 떠나가라"(마 7:23)라고 선언하셨을 때의 불법도 아노미아다.

하나님께서 인간을 창조하셨을 때의 인간은 하나님의 형상대로 지음받았으므로 죄가 없는 상태였다. 그러나 아담과 하와로 인해 죄는 단순한 개인의 문제가 아니라 인류 전체를 지배하는 보편적 문제가 되었다. 인간이 죄를 짓는 것은 곧 하나님의 뜻을 거스르는 것이며, 하나님과의 관계를 파괴하는 행위다. 이런 불법은 단순히 세상의 법을 어기는 것이 아니다. 하나님의 법을 어기는 것이다. 현실적으로 인간은 이런 불법을 저지르지 않을 수 없는 존재이다. 우리의 삶을 돌아보면 금세 이해할 수 있다. 우리는 의도적이든 무의식적이든 하나님의 법을 어기면서 살아가고 있다. 하나님의 기준으로 본다면, 우리는 행위뿐만 아니라 마음과 생각까지 다 죄 가운데 있다. 우리가 자신의 의로움으로는 이 불법에서 벗어날 수 없는 존재라는 것을 알아야 한다.

③ 파라노미아(παρανομία)

파라노미아는 하나님의 법을 의도적으로 어기는 행위를 가리키는 단어다. 문자적으로 파라노미아는 파라(옆에, 곁에)와 노모스(법)의 합성어로 '법 곁에 있다'라는 뜻이다. 이 단어는 단순히 실수나 연약함에서 비롯된 범죄가 아니라, 하나님의 법을 의식적으로 외면하거나 거역함으로써 발생하는 죄를 의미한다.

> 알 것은 이것이니 율법은 옳은 사람을 위하여 세운 것이 아니요 오직 불법한 자와 복종하지 아니하는 자와 경건하지 아니한 자와 죄인과 거룩하지 아니한 자와 망령된 자와 아버지를 죽이는 자와 어머니를 죽이는 자와 살인하는 자며 _딤전 1:9

이 말씀에서 '불법한 자'가 바로 파라노미아다.

파라노미아는 단순한 실수가 아닌 의도적 일탈을 전제한다. 죄는 하나님의 선하신 법이 존재함을 알면서도 그걸 거부하거나 무시하는 것이다. 따라서 불순종과 반역의 요소를 담고 있다. 그러므로 죄는 개인적 양심의 문제를 넘어 하나님의 주권과 통치 질서에 대한 정면 도전이 된다.

구약의 율법은 단순히 이스라엘 공동체 내부의 규칙이 아니다. 하나님께서 자신의 백성과 언약을 맺으시고, 그들 안에 자신의 통치를 실현하시려는 하나님의 뜻을 나타낸 것이다. 그러므로 율법의 고의적 파기는 곧 하나님과의 언약적 관계의 파괴를 의미했다. 바울은 이런 율법의 역할을 다시 조명하면서, 파라노미아를 범한 자들이 하나님의 심판 아래 있다는 사실을 분명히 했다(롬 3:19).

예수님께서는 율법을 폐기하러 오신 것이 아니라 온전히 이루기 위해 오셨다(마 5:17). 율법을 완전히 성취하심으로 우리에게 의의 옷을 입히시고, 율법의 저주에서 우리를 자유하게 하셨다(갈 3:13). 그러므로 복음의 은혜 아래 있는 자들은 이제 더 이상 죄(파라노미아) 가운데 거하지 않는다. 성령의 인도하심에 따라 마음에 기록된 하나님의 법을 따라 사는 새로운 피조물이 되었다.

> 육신을 따르지 않고 그 영을 따라 행하는 우리에게 율법의 요구가 이루어지게 하려 하심이니라 _롬 8:4

그리스도인은 율법의 형식에 갇히지 않고, 율법의 영적 본질을 이루어가는 존재로 변화되었다.

④ 파라프토마 (παράπτωμα)

파라프토마는 '넘어지다, 실수하다, 길을 벗어나다'라는 의미를 담고 있다. 이 단어의 개념은 죄의 본질을 반역이나 고의적 불순종으로 보지 않고, 인간의 연약함과 타락한 본성에서 비롯된 비의도적 죄로 이해하는 것이다. 다시 말해, 파라프토마는 반항이라기보다 실족을, 의도적 파괴라기보다 비틀거림에 가까운 죄의 형태를 가리킨다. 인간이 하나님의 뜻이라는 길 위를 똑바로 걸어야 할 존재임에도 불구하고, 연약함과 부주의, 혹은 영적 무감각으로 인해 길에서 벗어나거나 넘어지는 상태를 묘사한다.

> 형제들아 사람이 만일 무슨 범죄한 일이 드러나거든 신령한 너희는 온유한 심령으로 그러한 자를 바로잡고 너 자신을 살펴보아 너도 시험을 받을까 두려워하라_갈 6:1

바울은 이 말씀에서 "무슨 범죄한 일(파라프토마)이 드러나거든"이라고 말하면서, 죄를 짓는 사람을 정죄하거나 배척하지 말고 온유한 심령으로 바로잡으라고 권면한다. 파라프토마는 인간의 본성적 연약함과 신앙의 미성숙함에서 발생하는 상태에서 드러나는 죄로, 은혜와 회복의 가능성 안에서 다루어져야 할 죄인 것이다. 파라프토마는 죄의 비의도적 차원을 조명함으로써 인간의 구속에서 은혜의 필요성과 깊이를 강조한다.

우리가 알아야 할 것은 율법을 고의로 어긴 죄뿐 아니라 인간의 의지나 인식의 한계에서 비롯된 실수조차 하나님의 거룩 앞에서는 죄로 간주된다는 것이다. 이는 죄가 단지 의도의 문제가 아니라 존재의 문제임을 보여준다. 사람은 악한 마음을 품지 않았더라도 하나님 앞에서는 본성적으로 늘 넘어질 수밖에 없는 존재이며, 바로 그러한 총체적 무능함과 부패함을 인정하는 데서 참된 구원이 시작된다.

⑤ 플레오넥시아 (πλεονεξία)

플레오넥시아는 단순한 소유욕 이상의 개념으로 사용된다. 이 단어는 문자적으로 '더 많이 가지려는 것' 또는 '넘치도록 소유하려는 욕망'을 뜻한다. 인간의 마음 깊은 곳에서 비롯되는 끊임없는 욕망의 구조를 가리키는 것이다. 이 욕망은 물질적인 풍요의 추구를 넘어 하나님보다 자신을, 하나님보다 피조물을 더 신뢰하고 사랑하는 상태, 즉 우상숭배의 형태로 나아가게 한다. 이 말씀을 보자.

> 그러므로 땅에 있는 지체를 죽이라 곧 음란과 부정과 사욕과 악한 정욕과 탐심이니 탐심은 우상 숭배니라 _골 3:5_

바울은 이 말씀에서 탐심(플레오넥시아)을 단순한 부정적인 감정이나 행동으로 보지 않고 '무엇을 사랑하고 신뢰했는가'에 관한 마음의 문제라는 점을 강조하고 있다.

플레오넥시아는 하나님의 주권을 부정하고 자아를 중심에 두는 죄의 본질적 형태를 뜻하는 단어다. 탐욕의 마음은 결국 하나님께서 주시는 것에 만족하지 못하고 내가 원하는 것을 내 방법대로 얻을 때까지 발전한다. 이는 본질적으로 하나님을 공급자

이자 주권자로 신뢰하지 못하는 불신앙의 태도다. 결국 인간 자신을 인생의 주인으로 삼고 하나님을 주변인으로 밀어내는 영적 배반이다. 이런 이유로 성경은 탐욕을 극도로 심각하게 다룬다. 예수님 역시 누가복음 12장에서 부자에게 탐심을 경고하셨다.

> 그들에게 이르시되 삼가 모든 탐심을 물리치라 사람의 생명이 그 소유의 넉넉한 데 있지 아니하니라 하시고 _눅 12:15

부자의 비유를 통해 자기만족과 물질을 신뢰하던 삶이 하나님의 심판 아래에서 어떻게 무너지는지를 보여주셨다. 여기서 탐욕의 죄, 즉 플레오넥시아는 단지 부유함의 문제가 아니다. 자기 인생을 하나님 없이 경영하려는 인간의 교만이다. 이런 면에서 플레오넥시아는 오늘날 현대 사회와도 깊이 연결된다. 소비주의와 물질주의, 그리고 자기실현이라는 명목 아래 끊임없이 더 많이 얻으려 하고 더 높이 올라가고자 하는 문화는 사실상 플레오넥시아의 구조화된 표현이라고 할 수 있다.

04
죄에 대하여 우리가 잘못 알고 있는 것

◇◇◇ 죄를 '동사'로 이해한다

많은 사람이 회개를 율법적으로 지키지 못한 자신의 행위에 대하여 자기 입으로 고백하는 것으로 알고 있다. 하나님께서 주신 율법의 계명을 지키지 못한 행위, 즉 "내가 어떤 죄의 행위를 했다"라고 하나님 앞에서 고백하는 것을 회개라고 생각하는 것이다. 부분적으로는 틀린 말이 아니다. 사실 대부분은 그렇게 회개한다. 필자도 회개를 그렇게 시작했다. 이것은 죄를 동사로 이해한 것이다. 그런데 '죄'(명사)와 '죄를 지었다'(동사)는 완전히 다른 개념이다.

생각해보라. 지키라고 했던 율법을 지키지 못한 주체가 과연 누구인가? 당신은 그것이 바로 자기 자신이라고 생각할 것이다.

그래서 죄를 말할 때 항상 "내가 죄를 지었다"라고 하며 자신의 행위와 연결한다. 틀린 말은 아니다. 나도 그랬다. 정확히 말하면 내 몸이 그렇게 했다. 그런데, 성경도 그렇게 말씀하실까?

로마서에는 죄에 해당하는 대표적 단어인 '하마르티아'가 55번 기록돼 있다. 그런데 이 단어가 동사 형태로는 4번만 기록돼 있다. 나머지는 명사로 기록된 것이다. 죄가 명사로 기록된 것은 죄가 인격화되어 있다는 의미이다. 내가 죄를 지은 것이 아니고, '죄라는 놈'이 죄를 지었다는 뜻이다. 얼마나 놀라운 사실인가? 지금까지는 내가 죄를 지었다고 생각했는데, 내가 지은 것이 아니고 죄가 죄를 지었다니 말이다. 성경이 말하는 사실이 그렇다. 그러므로 우리는 더 이상 내가 죄를 지은 것이 아니라는 사실을 깨달아야 한다.

다음의 성경 말씀으로 위의 사실을 확인해보자. 우선 죄를 명사 형태로 기록한 말씀 중에서 몇 구절을 보자.

> 이는 죄(하마르티아)가 사망 안에서 왕 노릇한 것 같이 은혜도 또한 의로 말미암아 왕 노릇하여 우리 주 예수 그리스도로 말미암아 영생에 이르게 하려 함이라 _롬 5:21
>
> 이와 같이 너희도 너희 자신을 죄(하마르티아)에 대하여는 죽은 자요 그리스도 예수 안에서 하나님께 대하여는 살아 있는 자로 여길지어다 _롬 6:11
>
> 만일 내가 원하지 아니하는 그것을 하면 이를 행하는 자는 내가 아

니요 내 속에 거하는 죄(하마르티아)니라 _롬 7:20

이는 그리스도 예수 안에 있는 생명의 성령의 법이 죄(하마르티아)와 사망의 법에서 너를 해방하였음이라 _롬 8:2

의심하고 먹는 자는 정죄되었나니 이는 믿음을 따라 하지 아니하였기 때문이라 믿음을 따라 하지 아니하는 것은 다 죄(하마르티아)니라 _롬 14:23

다음은 동사 형태인 '죄를 짓다'로 기록되어 있는 4곳의 말씀이다.

모든 사람이 죄를 범하였으매(헤마르톤: 하마르타노의 부정 과거 시제 동사) 하나님의 영광에 이르지 못하더니 _롬 3:23

그러므로 한 사람으로 말미암아 죄(하마르티아: 명사)가 세상에 들어오고 죄(하마르티아스: 명사)로 말미암아 사망이 들어왔나니 이와 같이 모든 사람이 죄를 지었으므로(헤마르톤: 하마르타노의 부정 과거 시제 동사) 사망이 모든 사람에게 이르렀느니라 _롬 5:12

그러나 아담으로부터 모세까지 아담의 범죄와 같은 죄를 짓지(하마르테산타스: 동사) 아니한 자들까지도 사망이 왕 노릇 하였나니 아담은 오실 자의 모형이라 _롬 5:14

그런즉 어찌하리요 우리가 법 아래에 있지 아니하고 은혜 아래에 있으니 죄를 지으리요(하마르테소멘: 동사) 그럴 수 없느니라 _롬 6:15

앞에서 살펴본 바와 같이, 로마서에서는 오직 이 4곳에서만

'죄를 지었다'라고 죄를 지은 행위에 대하여 동사 형태로 기록하고 있을 뿐이다. 나머지 말씀에서는 죄를 의인화시켜 정확히 명사로 기록하고 있다. '죄라는 놈'이 있다는 것이다. 이를 절대 간과해선 안 된다.

◇◇◇ 죄를 동사로만 이해할 때의 문제

로마서는 죄에 대하여 죽고 의에 대하여 부활한 것을 믿어 구원에 이른다는, 즉 '이신칭의'(以信稱義)에 대하여 기록한 매우 귀한 성경이다. 이신칭의의 기본 메시지는 '내가 지은 죄'에 대하여 예수님이 대속하신 죽음과 부활을 우리가 믿음으로써(이신) '의롭게 되었다'(칭의)는 것이다. 내가 지은 죄, 즉 '죄를 짓다'와 같은 동사와 관련된 내용이다. 그러나 '죄를 짓는다'라는 동사로 이 말씀을 이해하는 것 자체가 잘못이라고 말할 수는 없다. 그런데 죄를 동사 형태로 이해하다 보면 죄를 짓는 주체가 내가 될 수밖에 없다. 그것이 회개하는 데서 가장 큰 문제가 된다. "하나님 아버지, 내가 이런저런 죄를 지었습니다. 저를 용서하여 주시옵소서"라고 하는 말이 "나는 죄인입니다"라는 말과 동등하게 인식되는 탓이다. 그런 회개는 안타깝게도 회개의 자리가 자신을 죄인으로 결정하고 정죄하는 자리가 되게 하고 만다.

여기서 이런 의문을 가질 수 있다. "예수님께서 우리의 모든 죄를 사하시려고 십자가에 매달려 우리의 죄를 감당하셨으며,

그렇게 해서 우리가 죄 사함을 받고 구원을 받았는데, 왜 우리가 여전히 죄인인가?" 우리가 믿음으로 구원을 받았으면, 죄인에서 의인으로 우리의 신분이 바뀐 것이 아닌가 하는 의문이다. 성경도 예수님의 순종(십자가)으로 말미암아 우리가 의인이 되었다고 증거한다.

> 한 사람이 순종하지 아니함으로 많은 사람이 죄인 된 것 같이 한 사람이 순종하심으로 많은 사람이 의인이 되리라 _롬 5:19

'죄를 짓는다'와 같이 죄를 동사로 이해하게 되면 나의 의도와 상관없이 자신이 죄를 짓는 죄인이 된다. 의인이 되어서도 말이다. 그러면 예수님의 순종하심에 따라 숭고한 피 값으로 의인이 된 우리에 대해선 정체성의 혼란이 따를 수밖에 없다.

여기서 또 질문이 생긴다. 우리는 의인인가? 아니면 죄인인가? 사도 바울의 고백을 보자.

> 내가 행하는 것을 내가 알지 못하노니 곧 내가 원하는 것은 행하지 아니하고 도리어 미워하는 것을 행함이라 _롬 7:15
> 이제는 그것을 행하는 자가 내가 아니요 내 속에 거하는 죄니라 _롬 7:17
> 만일 내가 원하지 아니하는 그것을 하면 이를 행하는 자는 내가 아니요 내 속에 거하는 죄니라 _롬 7:20

비록 우리가 여전히 죄를 짓는 행위 속에 있다고 할지라도, 그것으로 의인이 된 우리의 정체성이 바뀌지는 않는다. 바울이 고백처럼, 죄는 '내 속에 거하는 죄'이지 '내가 곧 죄'는 아니기 때문이다. 우리가 예수 그리스도를 믿음으로 말미암아 얻은 구원은 단지 죄의 용서에 그치지 않으며, 새로운 신분과 존재의 변화가 함께하는 것이다. 예수님의 순종과 십자가의 죽음, 그리고 부활은 우리를 새사람, 곧 의인으로 세우신 사건이다.

> 그리스도 안에 있으면 새로운 피조물이라 이전 것은 지나갔으니 보라 새 것이 되었도다 _고후 5:17_

우리는 더 이상 율법 아래 있는 자가 아니라 은혜 아래 있는 자이다(롬 6:14). 그런데도 우리가 행한 죄를 동사로 이해하면 우리의 정체성이 죄인이 되고 마는 것이다.

회개는 나를 다시 죄인으로 만드는 과정이 아니다. 의인으로서 죄를 미워하고 돌이키는 성화의 여정이다. 우리는 동시에 죄인이면서 의인인 것이 아니다. 우리의 정체성은 죄인이 아니다. 의인이지만 죄와 싸우고 있는 존재다. 은혜로 의롭다하심을 받은 자이다.

05
회개와 죄의 상관관계

◇◇◇ 죄의 사슬을 끊는 시작점

하나님은 예수 그리스도를 이 땅에 보내셔서 구원의 일을 이루셨고, 그 준비를 위해 세례 요한을 먼저 보내셨다. 세례 요한은 "회개하라 천국이 가까이 왔느니라"(마 3:2)라고 외쳤다. 요한은 사람들에게 죄의 실상을 알리고, 하나님의 심판이 가까이 왔음을 선포했다. 예수님도 공생애를 시작하시면서 같은 말씀을 하셨다.

> 회개하라 천국이 가까이 왔느니라 _마 4:17

이 말씀은 단순히 죄를 고백하라는 말씀이 아니다. 죄의 통치에서 벗어나 하나님의 통치 아래로 들어오라는 부르심이다.

하나님의 나라는 하나님이 다스리시고 통치하는 나라이다. 죄는 그 안에서 어떠한 영향력도 행사할 수 없다. 회개는 하나님 나라로 들어가는 문과 같고, 죄의 사슬을 끊는 시작점이다. 그래서 성경은 '죄 사함을 받게 하는 회개의 세례'(막 1:4)가 필요하다고 말씀하고 있다. 이 회개는 단순히 행동의 잘못을 인정하는 것을 넘어 죄의 근원을 직면하고, 하나님 앞에서 방향을 바꾸는 것을 포함한다.

세례 요한의 사역 이후, 예수님은 죄가 없으셨음에도 세례를 받으셨다. 이것은 하나님의 뜻을 이루는 모범을 우리에게 보여주신 것이다. 세례 후 곧이어 성령이 예수 위에 임하셨다(마 3:16). 이처럼 회개와 죄 사함, 그리고 성령의 임하심은 서로 긴밀하게 연결되어 있다. 베드로도 오순절 설교에서 "너희가 회개하여 각각 예수 그리스도의 이름으로 세례를 받고 죄 사함을 받으라 그리하면 성령의 선물을 받으리니"(행 2:38)라며 회개의 중요성을 강조했다.

회개와 죄 사함을 우리에게 주시는 분은 예수님이시다.

> 이스라엘에게 회개함과 죄 사함을 주시려고 그를 오른손으로 높이사 임금과 구주로 삼으셨느니라 _행 5:31

회개가 죄 사함이 임하는 자리인 건 맞지만, 죄 사함을 위한 조건은 아니다. 다만 회개 없이 죄 사함이 완전해지지는 않는다. 하나님은 회개를 통해 사람들의 마음을 깨우시고, 죄의 통치에서 벗어나게 하시기 때문이다. 이는 이스라엘 민족만이 아니라 모든 민족에게 주어진 구원의 방식이다.

> 또 그의 이름으로 죄 사함을 받게 하는 회개가 예루살렘에서 시작하여 모든 족속에게 전파될 것이 기록되었으니 _눅 24:47

회개는 단순히 '내가 죄를 지었다'라고 인정하는 행위가 아니다. 죄에서 돌이켜 하나님의 통치 아래로 들어가는 전환이다. 이 전환 없이는 죄의 용서도, 새 생명도, 하나님 나라의 삶도 사실상 시작될 수 없다. 우리가 죄를 직면하는 만큼, 회개는 우리에게 하나님의 은혜를 받아들이는 문이 된다.

◇◇◇ 신앙을 새롭게 하는 핵심

회개는 단순히 잘못을 뉘우치는 감정이 아니다. 회개의 출발은 자신의 죄를 깨닫는 데 있다. 죄를 자각하는 것은 회개의 가장 중요한 기초이며, 하나님과의 관계가 끊어진 상태를 인식하는 첫걸음이다.

사람은 때로 스스로 의롭다고 생각하지만, 성경은 모든 사람이 죄 가운데 있다고 말한다. 사도 바울은 "모든 사람이 죄를 범하였으매 하나님의 영광에 이르지 못하더니"(롬 3:23)라고 선포했다. 죄는 특정한 집단의 문제가 아니라 모든 인류가 가진 보편적인 현실이다. 그러나 인간은 스스로 이 사실을 깨닫지 못한다.

성경은 "그는 허물과 죄로 죽었던 너희를 살리셨도다"(엡 2:1)라고 말한다. 영적으로 죽은 사람은 자기 상태를 볼 수 없으며, 죄를 깨닫게 되는 것은 하나님의 말씀과 성령님의 도우심을 통해서만 가능하다.

죄의 자각은 하나님의 거룩을 경험할 때 더 분명해진다. 선지자 이사야는 성전에서 거룩하신 하나님을 뵈었을 때 "화로다 나여 망하게 되었도다 나는 입술이 부정한 사람이요"(사 6:5)라고 고백했다. 그는 하나님의 거룩 앞에서 자신의 죄된 모습을 철저히 깨달았다. 죄를 자각한다는 것은 하나님 앞에서 인간 전체가 죄로 물들어 있음을 아는 경험이다. 이 깨달음은 인간을 절망하게 하지만, 동시에 하나님의 은혜를 더욱 간절히 구하게 만든다. 율법의 역할도 바로 여기에 있다.

바울은 "율법으로는 죄를 깨달음이니라"(롬 3:20)라고 말했다. 율법은 인간을 구원하지 못한다. 오히려 인간이 스스로는 하나님께 나아갈 수 없음을 드러낸다. 죄의 자각은 인간의 무능을 보여주며, 하나님의 은혜를 찾게 한다. 따라서 죄를 깨닫는 것은 단순히 잘못을 인정하는 것을 넘어, 인간이 하나님 없이는 설 수 없는 존재임을 인정하는 것이다.

예수님도 죄의 자각을 회개의 출발점으로 말씀하셨다.

> ³¹예수께서 대답하여 이르시되 건강한 자에게는 의사가 쓸 데 없고 병든 자에게라야 쓸 데 있나니 ³²내가 의인을 부르러 온 것이 아니요 죄인을 불러 회개시키러 왔노라 _눅 5:31-32

이 말씀은 죄를 깨닫는 것이 회개로 이어지고, 회개가 구원으로 이어진다는 사실을 잘 보여준다.

스스로 의롭다고 여기는 사람은 결코 회개하지 않는다. 그러나 죄를 깨닫는 사람은 은혜를 찾게 되고, 예수 그리스도 안에서 생명의 길을 발견하게 된다.

교회의 역사 속에서도 죄의 자각은 중요한 주제로 다뤄졌다. 어거스틴은 『고백록』에서 자신의 죄를 깊이 돌아보며, 죄를 깨닫지 않고는 하나님의 은혜의 크기를 알 수 없다고 고백했다. 종교개혁가 루터도 회개를 신앙 전체를 꿰뚫는 삶의 태도로 이해했다. 그는 회개가 한 번의 사건이 아니라, 날마다 죄를 깨닫고 하나님께 돌아가는 과정이라고 강조했다. 이런 이해는 죄의 자각이 단순히 회심의 순간에만 필요한 것이 아니라, 신자의 전 생애에 걸쳐 신앙을 새롭게 하는 핵심임을 보여준다.

죄의 자각은 새로운 삶의 문을 연다. 죄를 깨달은 사람은 자신을 더 이상 의지하지 않고 하나님께 맡긴다. 자기 의를 신뢰하던 삶에서 하나님을 의지하는 삶으로 바뀌는 것이다. 죄의 자각은 단순히 인간의 죄를 드러내는 데서 끝나지 않는다. 그것은 은혜로 들어가는 길이며, 하나님 나라의 생명에 참여하는 시작점이다.

◇◇◇ 죄의 잔재를 제거하는 과정

회개는 법적으로는 죽었으나, 현실적으로 살아 있는 죄의 지배력을 죽인다. 성경은 예수 그리스도를 믿는 사람에게 다음과 같이 선언한다.

> 죄에 대하여는 죽은 자요, 하나님께 대하여는 살아 있는 자로 여길지어다. _롬 6:11

이 말씀은 예수님을 믿는 사람은 이미 죄에 대해 죽은 존재이며, 하나님과의 관계 안에서 새로운 생명을 얻었다는 선언이다. 그런데 현실을 보면 그렇지 못하다. 우리는 여전히 죄의 유혹을 받고 있고, 때로는 죄에 넘어지기도 한다. 이것 때문에 많은 기독교인들이 힘들어한다. 이와 같은 상황은 '법적인 신분'과 '현실적인 삶'의 차이에서 어쩔 수 없이 생기는 현상이다.

우리는 예수 그리스도를 믿음으로 하나님 앞에서 '의롭다'라는 법적 선언을 받았다. 이것을 신학적으로 칭의(稱義)라고 부른다. 하나님께서 우리를 더 이상 죄인으로 보지 않으시고 의인으로 보신다는 선언이다. 이 선언은 완전하다. 더해야 할 것이나 부족한 게 없다. 당연히 예수님을 믿는 자는 이미 죄에 대해

선 법적으로 죽은 자이다. 하지만 현실에서는 여전히 죄의 영향을 받는다. 성경은 이것을 '육신' 혹은 '죄의 몸'이라고 부른다(롬 6:6). 안타깝게도 우리 안에 남아 있는 옛사람의 구습을 통한 유혹에 반응하는 것이다. 그래서 바울도 "내가 원하는 바 선은 행하지 아니하고 도리어 원하지 아니하는 바 악을 행하는도다"(롬 7:19)라고 고백했다. 즉, 자신 안에 여전히 죄의 힘이 작용하고 있음을 말한 것이다. 바로 이 현실 속에서의 죄의 영향력을 끊어내는 것이 회개가 하는 역할이다.

예를 들어보자. 6·25 전쟁은 1953년 7월 27일에 휴전 협정이 체결되면서 법적으로 전쟁이 중지되었다. 그러나 전쟁이 끝났다고 해서 모든 전투가 즉시 사라진 것은 아니었다. 휴전 이후에도 지리산과 같은 산악 지역에는 무장한 빨치산들이 남아 있었다. 이들은 남한의 정부를 거부하고, 여전히 민간인을 위협하거나 군과 경찰을 상대로 교전하기도 했다. 무려 1960년대 초반까지 남아 있었다고 한다. 그랬던 것처럼, 전쟁은 끝났지만 실제로 평화가 정착되기 위해서는 남은 세력을 정리하고 안정화하는 과정이 필요하다.

신앙의 삶도 이와 비슷하다. 예수님께서는 십자가에서 죄를 이기셨다. 우리는 그분을 믿음으로 죄에 대해 '법적으로' 죽은 자가 되었다. 더 이상 죄가 우리를 정죄할 수 없고, 우리는 하나님의 자녀로 새 생명을 얻었다. 그러나 우리의 마음과 삶 속에는 여전히 과거의 죄의 흔적들이 남아 있다. 죄의 습관, 사고방식,

감정의 왜곡, 왜곡된 욕망들이 남아 있는 것이다. 그것들이 마치 빨치산처럼 숨어서 작동하고 있다. 이 죄의 잔재들을 완전히 뿌리 뽑지 않으면 우리는 다시 죄의 지배를 받게 된다. 바로 이 죄의 잔재를 제거해 나가는 과정이 회개다. 회개는 법적으로 끝난 전쟁의 잔여 세력을 실제로 정리해 나가는 영적 전투인 것이다.

성경에서도 이와 유사한 장면이 나온다. 여호수아와 이스라엘 백성이 가나안 땅을 정복할 때의 이야기다. 하나님은 여리고와 아이를 비롯한 중요한 성들을 무너뜨리고 이스라엘에 승리를 주셨다. 이것은 하나님의 약속이 성취된 일이었다. 그로 인해 이스라엘은 법적으로 그 땅의 주인이 되었다. 그러나 여전히 많은 지역에는 가나안 토착 민족들이 남아 있었다. 그들이 이스라엘 백성을 유혹하거나 전쟁을 일으키는 원인이 되었다. 하나님은 이스라엘에게 그들을 완전히 쫓아내고, 그 땅을 정결하게 하라고 명령하셨다(민 33:55; 수 23:12-13). 이 명령을 끝까지 순종하지 않으면 남은 토착민들이 후에 우상을 섬기게 할 것이라고 말씀하셨다. 하나님의 백성을 죄의 길로 끌고 갈 것이라고 경고하신 것이다.

◇◇◇ 현실에서 구원을 누리기 위한 싸움

그러므로 회개는 구원의 확증을 얻기 위한 수단이 아니다. 이미 주어진 구원을 현실 속에서 누리기 위한 싸움이다. 죄는 예수님의 십자가에서 이미 패했다. 믿는 자는 더 이상 죄 아래에 있지 않다. 하지만 실제 우리의 삶 속에서는 죄의 습관과 정욕이 여전히 작동하고 있다. 그 흔적들을 정리하는 과정이 필요하다. 그 과정이 바로 회개다.

회개는 성령의 도우심으로 이루어지는 지속적인 영적 정화 작업이다. 회개가 이미 법적으로 끝난 죄의 권세를 실제 삶 속에서 제거해 나가는 믿음의 실천임을 잊지 말자. 지리산의 빨치산처럼 숨어 있는 죄의 습관들, 가나안 땅에 남아 있던 토착민처럼 집요하게 남아 있는 죄의 영향력들을 끊어내는 것이다.

성령님을 통해 죄를 발견하고 뽑아내는 일이 회개이다. 그래서 회개는 하나님의 인도를 받아서 하게 되는 것이다.

> 거역하는 자를 온유함으로 훈계할지니 혹 하나님이 그들에게 회개함을 주사 진리를 알게 하실까 하며 _딤후 2:25

회개는 우리가 이미 죄에 대해 죽은 자로서, 여전히 남아 있는 죄의 영향력과 싸워 그것을 실제로 죽이는 과정이다.

우리는 예수 그리스도 안에서, 죄의 법적 지배에서 해방되었다. 성령 안에서 날마다 그 죄의 흔적을 지워가며 살아가야 한다. 회개는 이 싸움의 중심에 있는 도구이며, 우리를 하나님 나라의 삶으로 이끄는 통로다.

⁶우리가 알거니와 우리의 옛사람이 예수와 함께 십자가에 못 박힌 것은 죄의 몸이 죽어 다시는 우리가 죄에게 종 노릇 하지 아니하려 함이니 ⁷이는 죽은 자가 죄에서 벗어나 의롭다 하심을 얻었음이라

_롬 6:6-7

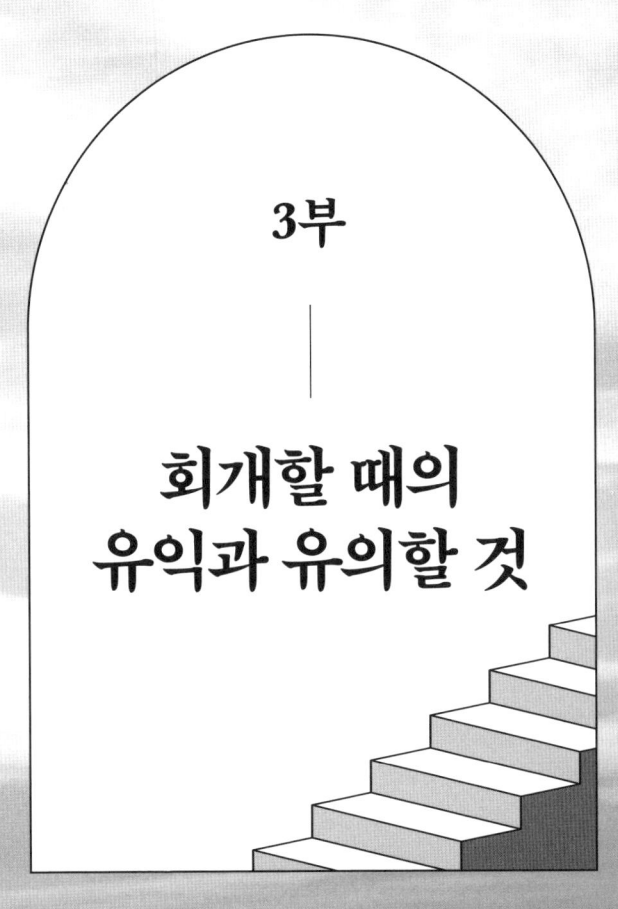

3부

회개할 때의 유익과 유의할 것

06
하나님 나라에 살게 한다

죄의 자리에서 하나님 나라로

회개는 우리를 죄의 자리에서 하나님 나라로 옮긴다. 그러므로 회개는 단순히 죄를 고백하는 것만이 아니다. 죄에서 생명으로 돌이키는 삶의 전환이다. 죄가 지배하던 자리에서 하나님께 주권을 돌려드리는 일이다(롬 6:6). 죄의 권세로부터 분리되어 떨어져 나오는 사건인 것이다. 그것은 예수 그리스도의 죽음에 연합함으로써 일어난다.

   죄는 단순히 도덕적 문제만이 아니다. 하나님을 거부하고 자신을 주인 삼으려는 태도다. 하나님을 떠난 상태다. 죄의 뿌리에는 마귀가 있다. 죄는 마귀의 본질이다. 이것은 우리가 선택한 것이 아니다. 물려받은 것이다.

> 너희는 너희 아비 마귀에게서 났으니 너희 아비의 욕심대로 너희도 행하고자 하느니라 그는 처음부터 살인한 자요 진리가 그 속에 없으므로 진리에 서지 못하고 거짓을 말할 때마다 제 것으로 말하나니 이는 그가 거짓말쟁이요 거짓의 아비가 되었음이라 _요 8:44_

죄는 생각과 감정, 습관과 삶의 구조 안에 침투해 있다. 그 배후에는 자연스럽게 마귀의 통치 질서가 작동하고 있다. 회개는 이 통치에서 벗어나 하나님의 통치로 들어가는 일이다. 감정의 변화가 아니라, 실제적이고 영적인 전환이다. 그래서 회개는 죄의 통치 질서와 구조를 완전히 없애는 철거 시스템이다. 하나님의 나라로 들어가는 실제적인 문이다. 이 모든 것은 오직 성령의 조명으로만 가능하다. 성령께서는 회개의 시간을 통해 우리에게 영적 권능을 나타내신다.

> 그가 와서 죄에 대하여, 의에 대하여, 심판에 대하여 세상을 책망하시리라 _요 16:8_

성령님께서 죄를 깨닫게 하신다. 사람 안에 숨은 죄를 드러내신다. 예수님의 십자가가 우리의 죄를 이미 심판했음을 알게 하신다.

회개는 자신이 있는 죄의 자리에서 하나님의 나라 안으로 위치를 이동시킨다. 그것이 가능한 것은 이미 우리가 죄에 대하여 죽었기 때문이다. 또한, 우리가 예수님으로 인해 영적 새 생명을 얻은 자이기 때문이다.

> 이와 같이 너희도 너희 자신을 죄에 대하여는 죽은 자요 그리스도 예수 안에서 하나님께 대하여는 살아 있는 자로 여길지어다 _롬 6:11

회개는 죄 사함으로만 끝내지 않는다. 하나님으로부터 새롭게 되는 날이 임하게 한다. 그 결과, 삶 전체가 변화된다. 성령이 내주하시고 하나님 나라가 임한다.

회개는 죄를 고백하는 것으로 시작된다. 그러나 고백에만 머물지 않게 한다. 지금까지 죄가 자신을 지배하던 사고방식과 정체성을 거부하게 한다. 오직 하나님의 말씀과 통치를 삶의 기준으로 삼게 한다. 그러므로 온전하게 회개가 이루어지고 나면, 이후에는 자신에게 죄가 더 이상 자연스럽지 않다. 죄가 고통스럽게 느껴진다. 성령의 책망에 민감하게 반응하게 된다.

진정한 회개는 죄에 민감해질 수밖에 없다. 이는 우리의 삶이 성령 안에서 순간순간 죄와 싸우며 살아감에 따르는 결과다. 영적 싸움인 회개는 우리의 의지나 능력으로 되지 않는다. 오로지 성령님의 능력으로 되는 것이다.

> 하나님의 뜻대로 하는 근심은 후회할 것이 없는 구원에 이르게 하는 회개를 이루는 것이요 세상 근심은 사망을 이루는 것이니라 _고후 7:10

회개는 우리의 영적 정체성을 바꾸게 한다. 우리가 흑암의 권세에서 빠져나와 하나님의 나라로 들어가게 하기 때문이다. 이는 하나님 나라의 영적 권세가 우리를 통해 나타나게 됨을 말한다. 그래서 회개는 단지 과거의 정리가 아니다. 하나님의 말씀과 통치 아래에서 새 생명으로서 살아가는 출발점이다. 죄의 영향력은 더 이상 우리를 지배하지 못한다. 회개가 죄의 자리에서 하나님의 나라로 우리를 옮겨 놓기 때문이다.

> 그가 우리를 흑암의 권세에서 건져내사 그의 사랑의 아들의 나라로 옮기셨으니 _골 1:13

회개는 복음의 명령이다

이사야는 여호와 하나님께서 구원의 메시아 예수 그리스도를 통하여, 성령님께서 역사하시게 될 것을 예언했다.

> 주 여호와의 영이 내게 내리셨으니 이는 여호와께서 내게 기름을 부으사 가난한 자에게 아름다운 소식을 전하게 하려 하심이라 나를 보내사 마음이 상한 자를 고치며 포로된 자에게 자유를, 갇힌 자에게 놓임을 선포하며 _사 61:1

예수 그리스도를 통해, 경제적으로 영적으로 빈곤하고 강자에 의해 억압당하는 가난한 자를 구원하려 하신다고 하였다. 또한 마음이 멍들고 찢어져 치료받아야 할 고통 속에 있는 사람을 고치려 하신다고 하였다. 누구도 풀 수 없는 죄와 사망의 세력에 얽매여 있는 자들의 결박을 풀어 진정한 자유를 베푸신다고 예언한 것이다. 이런 아름다운 소식을 전하게 하시려고 성령의 기름을 부으신다는 것이다.

이 말씀에서 '아름다운 소식을 전하다'로 번역된 원문의 의미는 영적으로 좋은 소식을 전한다는 것이다. 이는 아름다운 소식이 복음이라는 사실을 정확히 알려준다. 더불어 메시아에게 가장 우선되는 사명이 복음을 전하는 것이라는 사실도 나타낸다.

예수 그리스도는 사역 초기부터 자신이 '하나님 나라의 도래'라는 좋은 소식인 복음을 위해 이 땅에 왔음을 선언하심으로써 목적을 분명히 하셨다.

> 이르시되 때가 찼고 하나님의 나라가 가까이 왔으니 회개하고 복음을 믿으라 _막 1:15

이 말씀은 회개해야 할 근거가 복음이며, 자연스럽게도 복음을 믿게 되는 출발점이 회개임을 또한 분명히 한다. 그래서 회개와 함께 복음을 믿으라고 명령하신 것이다.

이처럼 복음은 회개와 믿음을 통해 수용되는 것이다. 회개하지 않고 복음을 받아들이는 것은 불가능하다는 것이다. 우리는 회개를 통해 하나님 나라의 통치 안으로 들어간다. 즉, 하나님의 생명 안에서 모든 것을 누리기 위해서는 회개가 반드시 먼저 있어야 하는 것이다. 그러므로 회개는 복음의 명령이라고 할 수 있다. 그런 만큼, 성경에는 '회개하라'는 말씀이 많이 나온다. 창세기부터 요한계시록까지, 성경의 모든 곳에 기록되어 있는 말씀이 '회개'다.

예수님께서 우리에게 오셔서 구원의 좋은 소식을 전하셨다. 믿음의 자녀들이 구원의 삶을 누리는 데 있어서 회개는 꼭 필요하다. 하나님의 통치 아래에서, 하나님 나라의 삶을 살기 위해서는 회개가 필수인 것이다. 그러므로 그리스도인은 살아가는 동안, 평생 회개를 계속해야 한다. 그 근거는 복음이다.

회개는 구원의 완성으로 이끈다

많은 그리스도인이 구원이 단번에 완성되는 사건이라고 생각하곤 한다. 물론 예수 그리스도를 믿는 순간 우리는 구원의 문 안으로 들어간다. 하지만 성경이 말하는 구원은 단지 순간의 결단으로 끝나는 게 아니다. 회개와 믿음, 그리고 성령의 역사 가운데에서 연속해서 이루어지는 과정이다. 그 과정의 한가운데에 회개가 있다. 이 회개는 단순한 감정적 후회나 외적인 행동의 변화로 설명되지 않는다. 성령의 인도하심 속에서 예수 그리스도에 대한 바른 믿음을 바탕으로 한 철저한 방향 전환이다. 구원의 완성으로 나아가는 영적 통로다.

우리가 먼저 기억해야 할 것은, 예수 그리스도를 믿지 않는 사람은 성령을 선물로 받을 수 없다는 사실이다. 성령은 하나님께서 구원받은 자에게 주시는 선물이며(행 2:38), 이 선물은 누구에게나 자동으로 주어지는 것이 아니다.

겉으로 보기에는 회개하는 듯한 모습을 보일 수도 있고, '개인의 의'를 가지고서 열심히 신앙생활을 하는 사람들도 있다. 그러나 그런 '거짓 회개'는 성령을 받을 수 있는 조건이 되지 못한다. 행동이나 인간적 결단으로는 하나님의 영이 임할 수 없다. 회개는 철저히 하나님 앞에서 자신의 죄를 인정하고, 오직 그리스도를 의지하는 믿음 안에서만 참되게 이루어진다.

사도 바울은 에베소 장로들에게 고별 설교를 하면서 다음과 같이 말했다.

> 유대인과 헬라인들에게 하나님께 대한 회개와 우리 주 예수 그리스도께 대한 믿음을 증언한 것이라 _행 20:21

이 말씀은 회개와 믿음이 구분될 수 없는 진리임을 보여준다. 진정한 회개는 죄에서 돌이키는 것일 뿐 아니라 예수 그리스도께로 돌아서는 믿음의 결단을 포함한다. 이때 중요한 것은 이 믿음이 인간의 결심이나 노력으로 만들어지는 것이 아니라는 점이다. 진정한 믿음은 하나님께서 주시는 선물이며(엡 2:8) 성령의 역사로 가능하다.

여기서 한 가지 오해가 생길 수 있다. 우리는 종종 "내가 믿습니다"라고 고백한다. 이런 고백이 성령의 인도 없이 자기 생각이나 의지로 이루어질 수도 있다는 사실을 간과하는 것이다. 그런데 이 사실을 잊어서는 안 된다. 성령님이 인도하지 않는 믿음은 참된 회개를 이끌 수 없다는 것이다. 구원의 실제적인 열매도 맺을 수 없다. 인간은 본래 타락한 존재이기에, 하나님께 스스로 나아갈 수 있는 능력이 없기 때문이다. 참된 회개와 믿음은 항상 성령의 주권적인 역사로 이루어진다.

> 나를 보내신 아버지께서 이끌지 아니하시면 아무도 내게 올 수 없으니 오는 그를 내가 마지막 날에 다시 살리리라 _요 6:44
>
> 육에 속한 사람은 하나님의 성령의 일들을 받지 아니하나니 이는 그것들이 그에게는 어리석게 보임이요, 또 그는 그것들을 알 수도 없나니 그러한 일은 영적으로 분별되기 때문이라 _고전 2:14

회개는 믿음의 출발점이자 성령의 통치 안으로 들어가는 관문이다. 구원의 완성을 향해 지속적으로 나아가는 과정의 본질적인 요소다. 우리는 지속적인 회개를 통해 더 깊은 성령의 인도하심을 따라 살 수 있게 된다. 그리고 성화의 열매를 맺게 된다.

> [12] 그러므로 나의 사랑하는 자들아 너희가 나 있을 때뿐 아니라 더욱 지금 나 없을 때에도 항상 복종하여 두렵고 떨림으로 너희 구원을 이루라 [13] 너희 안에서 행하시는 이는 하나님이시니 자기의 기쁘신

뜻을 위하여 너희에게 소원을 두고 행하게 하시나니 _빌 2:12-13

그러므로 그리스도인은 단 한 번의 회개로 끝나는 삶을 살아서는 곤란하다. 날마다 자기를 부인하고, 죄를 돌아보며 주님의 생명 안에 거해야 한다. 이것이 하나님 앞에서 자신을 새롭게 하는 회개의 삶이다.

회개는 신앙의 감정적인 반응이 아니라 믿음에 기초한 영적 행위다. 회개를 통해 자신의 죄된 본성과 한계를 인식하고, 하나님께로 돌아서는 실제적인 삶의 변화가 회개의 본질이다. 성령께서 우리 심중에 역사하셔서, 죄를 미워하고 하나님을 사랑하는 방향으로 마음과 삶을 바꾸신다. 회개를 통해 그와 같은 변화가 가능해진다.

회개는 결국 구원의 완성, 곧 영화(glorification)로 이어진다. 구원은 과거의 사건이면서도 현재 진행형이며, 장차 완성될 미래의 사건이다. 우리는 예수 그리스도를 믿음으로 이미 구원을 얻었지만(칭의), 이제는 성령 안에서 회개와 순종의 삶을 통해 구원의 완성(성화)을 향해 나아가고 있다. 그리고 그 여정의 마지막은 예수 그리스도께서 다시 오실 때 모든 것이 회복되고 '영화'롭게 되는 것이다. 이 모든 과정에서 회개는 핵심적인 역할을 한다.

그가 이같이 큰 사망에서 우리를 건지셨고 또 건지실 것이며 이 후에도 건지시기를 그에게 바라노라 _고후 1:10

> 또 미리 정하신 그들을 또한 부르시고 부르신 그들을 또한 의롭다
> 하시고 의롭다 하신 그들을 또한 영화롭게 하셨느니라 _롬 8:30

회개는 하나님의 사랑이다

회개는 하나님께서 죄인을 향해 손을 내미시는 사랑의 표현이다. 하나님이 회개를 허락하신다는 것은 아직 우리를 포기하지 않으셨다는 증거이다.

우리나라의 영적 흐름을 바꾼 사건이 있었다. 1907년 평양에서 일어난 대부흥 사건이었다. 이 대부흥은 우리나라의 모든 사람이 하나님의 사랑을 경험한 사건이었다. 그 사건은 회개를 통해서 일어났다.

1907년 1월, 평양 장대현교회에서 사경회가 열렸다. 전국에서 1,500여 명의 성도들이 말씀을 사모하여 모였다. 그러나 며칠 동안은 교회 안에 무거운 분위기만 있을 뿐이었다. 말씀은 선포되었지만, 성령의 역사는 임하지 않았다. 결국 사경회의 마지막 날까지 왔다. 그런데 그날 저녁, 훗날 목사가 된 길선주 장로가 조용히 자리에서 일어섰다. 그가 떨리는 목소리로 말했다. "나는 한 형제를 미워했습니다. 내 마음속에서 그를 죽였습니다." 이 고백은 마치 마른 장작에 불이 붙듯 교회 전체를 뜨거운 용광로로 만들고 말았다. 사람들이 줄줄이 일어나 죄를 고백하기 시작했다. 도둑질, 음란, 미움, 거짓 등등, 숨겨진 죄들이 터져 나왔다. 모든 성도에게서 통곡이 터지고 눈물이 넘쳤다. 하나님

은 이 회개의 자리에서 그들을 용서하시고 안아주셨다.

그들이 한 회개는 정죄가 아니라 주님께로 향한 영적 회복이었다. 그날의 성령의 강력한 역사하심은 죄인을 살리시려는 하나님의 사랑이었다. 그 사랑이 교회 안의 모든 성도를 사로잡았다. 주님의 사랑은 평양에만 머무르지 않았다. 다른 교회들, 선교사들의 학교, 병원, 군부대 등으로 퍼졌다. 집집마다 회개의 기도가 터졌고, 사람들은 밤을 새워 기도했다. 전국 각지에서는 성령의 역사가 일어났다. 사람들은 훔친 물건을 돌려주었다. 원수를 용서하는 고백이 그치지 않았다. 이웃을 향해 하나님의 사랑을 고백했다. 교회는 회복되었고, 가정은 다시 살아났다.

이 부흥은 하나님의 나라가 실제로 임하는 역사였다. 이후 조선은 '동방의 예루살렘'이라고 불리게 된다. 윌리엄 블레어 선교사와 사무엘 마펫 등 초기 미국 북장로회 선교사들이 선교 활동을 하면서 이 표현을 사용했다. 이 부흥의 일이 모두 회개에서 시작되었다. 회개로 인해 시작된 대부흥의 불길은 하나님의 사랑이었다. 그러므로 회개는 하나님이 주시는 사랑의 은혜라고 할 수 있지 않겠는가? 그로 인한 부흥은 하나님께서 조선 땅을 버리지 않으셨다는 증거였다. 그 강력한 부흥은 불과 3년 만에 조선 전체의 복음화가 이루어지게 하였다. 지금도 우리가 회개할 수 있도록 기회를 주시는 것은 하나님의 큰 사랑이다. 회개를 통하여 모든 기독교인이 하나님의 엄청난 모든 은혜를 누릴 수 있기 때문이다.

아담과 하와의 범죄 이후 인간은 하나님과 영적으로 분리되었다. 하나님의 사랑에서 멀어지게 된 것이다. 그 결과 긴 시간을 죄로 인한 형벌과 고통 속에서 지낼 수밖에 없었다. 그러나 우리는 예수 그리스도의 십자가로 하나님께서 주시는 사랑을 누릴 수 있게 되었다. 구원의 은혜를 누리게 된 것이다. 이 은혜는 모두 회개를 통하여 성령을 선물로 받을 때 가능하다. 이 은혜가 모든 사람에게 해당하지는 않는다. 회개의 은혜가 모든 사람에게 공유되었던 것은 아니었기 때문이다. 복음을 받아들이지 못했던 사람들은 결코 알 수 없는 경계선 밖의 이야기일 뿐이다.

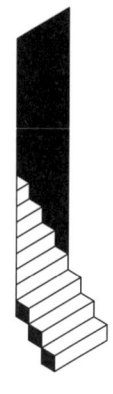

07
은혜와 평안을 누리게 한다

회개는 구원의 은혜를 누리게 한다

우리는 자신의 노력으로 더 좋은 본성을 가질 수 없다. 마찬가지로, 스스로 노력한다고 해서 구원의 은혜를 누릴 수 없다.

> 행위에서 난 것이 아니니 이는 누구든지 자랑하지 못하게 함이라
> _엡 2:9

그런데도 우리는 자신이 결정해서 주님을 믿고 따른다고 말한다. 그러나 현재 우리가 누리는 모든 것이 하나님의 크신 경륜 안에 있다는 것을 알아야 한다. 비록 인지하지는 못하지만, 우리의 모든 행위는 하나님의 계획안에 있다.

> 우리는 그가 만드신 바라 그리스도 예수 안에서 선한 일을 위하여 지으심을 받은 자니 이 일은 하나님이 전에 예비하사 우리로 그 가운데서 행하게 하려 하심이니라 _엡 2:10

우리가 누리는 모든 것은 하나님께서 준비하고 예비하신 것이다. 그 누리는 것 중에서 가장 큰 은혜는 영적인 죽음 속에 있는 우리에게 구원의 은혜를 주신 것이다. 그리고 그 구원의 은혜를 계속 누릴 수 있도록 우리에게 회개를 주셨다(행 3:19).

엄밀히 말하면, 회개 자체가 구원의 원인이나 목표는 아니다. 그렇지만 죄에 대한, 죄를 떠나는 회개는 하나님의 은혜와 분리될 수 없다. 하나님의 은혜로 인해, 예수 그리스도의 십자가 사건과 죄로부터의 자유가 임할 수 있다. 이 점은 이사야 선지자가 한 예언에서 명백하게 나타난다.

> 여호와의 말씀이니라 구속자가 시온에 임하며 야곱의 자손 가운데에서 죄과를 떠나는 자에게 임하리라 _사 59:20

이 말씀은 회개와 관련하여 깊이 묵상해야 할 중요한 구절이 아닐 수 없다. 하나님을 경외하는 자손들 가운데에서, 회개를 통하여 죄에서 떠난 사람들에게 성령님이 임하신다는 것이다. 죄에서 떠나는 것은 우리 스스로 할 수 없다. 회개를 통해서만 가능하다. 그리고 예수 그리스도를 통해 구원의 역사가 일어나는 것이다. 아울러 성령님께서 우리의 구원을 위해 역사하신다는 것은 분명한 사실이다.

하나님께서 주신 회개는 우리에게 주님의 자비와 은혜를 누릴 수 있는 기회를 준다. 또한 모든 인간의 신앙과 삶, 특히 구원의 여정에 큰 의미를 부여한다. 영적으로 주님의 생명 안으로 인도 받을 수 있도록 한다. 죄로 인해 하나님과 영적으로 분리된 우리가 온전해질 수 있도록 해주는 것이다. 또한 우리는 회개를 통하여 변화된 삶을 통해 하나님의 사랑을 나타낼 기회를 얻는다. 그러므로 회개는 우리에게 끊임없이 부어주시는 하나님의 은혜를 경험할 수 있는 기회다. 전혀 은혜를 누릴 수 없는 죄인이던 우리가 하나님께서 주신 은혜를 누릴 수 있는 기회를 선물로 받은 것이다. 그 선물이 회개다.

> 하나님의 뜻대로 하는 근심은 후회할 것이 없는 구원에 이르게 하는 회개를 이루는 것이요 세상 근심은 사망을 이루는 것이니라 _고후 7:10

회개를 통해 모든 이방인들도 영적인 새 생명을 누릴 수 있게 되었다. 지금 전 세계의 모든 믿음의 기독교인들이 바로 이방인들이다.

> 그들이 이 말을 듣고 잠잠하여 하나님께 영광을 돌려 이르되 그러면 하나님께서 이방인에게도 생명 얻는 회개를 주셨도다 하니라 _행 11:18

고넬료는 로마 군대의 백부장이었지만, 하나님을 경외하고 구제를 즐겨하며 항상 기도하는 사람이었다(행 10:1-2). 그는 유대인이 아님에도 진심으로 하나님을 경외했다. 어느 날 기도 중에 천사를 통해 하나님의 응답을 받았다. 천사는 그의 기도와 구제가 하나님께 기억되었으며, 욥바에 있는 베드로를 초청하라고 말한다.

한편, 그 무렵 베드로는 환상 가운데에서, 유대인에게 정결하지 않다고 여겨지던 것도 하나님께서 깨끗하게 하셨음을 알게 된다. 이는 이방인에게도 복음이 전해질 수 있다는 하나님의 뜻을 보여주는 계시였다. 베드로는 고넬료의 집에 가서 예수 그리스도의 복음을 전했고, 그 말씀을 듣던 중에 성령이 고넬료와 그의 온 집안에 임했다. 이는 오순절 사건처럼 명백한 성령의 역사였다. 베드로는 이방인들에게도 성령이 임한 것을 보고 즉시 세례를 베푼다. 이후 예루살렘 교회에 이 사실을 보고했을 때, 유대인 성도들도 하나님께서 이방인에게도 생명 얻는 회개를 주셨음을 인정하고 하나님께 영광을 돌린다.

고넬료의 이야기는 이방인에게 처음으로 복음과 성령이 임한 역사적 사건이었다. 모든 민족에게 구원의 문이 열린 복음의 전환점이었다. 참된 회개와 믿음이 누구에게나 구원의 은혜를 누릴 수 있게 한다는 것을 알 수 있는 이야기이다.

회개는 하나님 나라의 평강을 누리게 한다

오늘날 기독교인들에게 삶에서 가장 힘든 것이 무엇이냐고 질문하면 답이 비슷하리라고 본다. 삶의 여건에서 오는 육체적, 정신적, 금전적, 관계적인 불안의 문제들일 것이다. 이런 문제들로부터 완전히 자유스러운 사람은 거의 없다. 이런 문제들은 모두 우리가 사는 이 땅에서 기본적인 것들이기 때문이고, 우리 삶에서 끊임없이 생기는 것이다. 그런데 그 모든 문제의 배경에 죄가 도사리고 있다. 이 땅이 죄로 인해 영적으로 오염되었기 때문이다 (창 3:17). 그러나 우리에게 임하신 성령님으로 인하여 우리는 하늘의 것, 곧 하나님 나라의 복음을 누릴 수 있게 되었다. 하나님 나라의 복음을 누리는 사람은 죽을 때가 되어서 죽어 천국에 가는 사람이 아니다. 이미 우리에게 임하신 하나님 나라를 이 땅에서부터 누리는 사람이다. 그것이 가능한 이유는 성령님으로 인해서이다.

우리는 우리 안에 성령 하나님이 계신다고 말한다. 그렇지만 사실은 그게 아니다. 우리가 성령님으로 인하여 하나님의 영 안에 있는 것이다.

하나님의 뜻으로 말미암아 그리스도 예수의 사도 된 바울은 에베소에 있는 성도들과 그리스도 예수 안에 있는 신실한 자들에게 편지하노니 _엡 1:1

성령에 사로잡혀 있는 사람은 성령 안에 있는 것이다. 이 말씀의 의미는 영적으로 성령 충만한 사람이 이 땅의 질서 속에 있는 것이 아니라는 것이다. 하나님 나라의 질서 속에 있다는 것이다. 즉, 두려움, 슬픔, 걱정, 고민, 미움, 음란 등이 아무런 영향을 미치지 못한다는 뜻이다. 하나님의 통치가 있는 하나님 나라에는 그런 것들이 당연히 있을 수 없다.

> 너희는 무엇을 먹을까 무엇을 마실까 하여 구하지 말며 근심하지도 말라 이 모든 것은 세상 백성들이 구하는 것이라 너희 아버지께서는 이런 것이 너희에게 있어야 할 것을 아시느니라 _눅 12:29-30

아울러 예수님은 하나님께서 주시는 평강에 대하여 강조하는 말씀을 많이 하셨다.

> 평안을 너희에게 끼치노니 곧 나의 평안을 너희에게 주노라 내가 너희에게 주는 것은 세상이 주는 것과 같지 아니하니라 너희는 마음에 근심하지도 말고 두려워하지도 말라 _요 14:27
> ²⁸수고하고 무거운 짐 진 자들아 다 내게로 오라 내가 너희를 쉬게 하리라 ²⁹나는 마음이 온유하고 겸손하니 나의 멍에를 메고 내게 배우라 그리하면 너희 마음이 쉼을 얻으리니 _마 11:28-29

예수님께서 주시는 '마음의 쉼'은 우리에게 물질적 풍요가 있

어서 얻어지는 행복이 아니다. 그와 마찬가지로, 영이신 하나님
께서 주시는 감동으로 하게 되는 깊은 회개 이후 우리에게 임하
는 평강은 세상의 것이 아니다. 이 땅에서 어떤 조건이 풍족해져
서 우리에게 임하는 행복과 그 차원이 아예 다르다. 하나님 나라
안에서의 질서 속으로 들어가면 완전히 다른 세상이다. 말할 수
없는 '마음의 쉼'인 하나님께서 주시는 평강이다.

> 그러므로 너희가 회개하고 돌이켜 너희 죄 없이 함을 받으라 이같이
> 하면 새롭게 되는 날이 주 앞으로부터 이를 것이요 _행 3:19

이 말씀에서 '새롭게 되는 날'을 원문으로 보면 회복과 평강의
시간을 의미한다. 즉, 회개가 우리를 죄사함으로 인도하고, 그 결
과 회개한 사람은 하늘의 평안을 누리게 된다는 말이다.

내게는 일주일이 멀다 하고 통화하며 자주 만나는 친구가 있
다. 중학교 동창이므로 꽤 오랜 시간을 함께한 친구다. 지금까지
그렇게 오랜 시간을 함께할 수 있었던 것은 전적으로 그 친구 덕
분이다. 그가 기독교인이라는 것은 오래전부터 알고 있었다. 그
러나 내게는 진지하게 전도하지 않았다. 나중에 들은 얘기로는,
때가 되면 하나님께서 나를 인도하시리라고 생각하며 기다렸다
고 했다.

내가 당좌부도가 나고 극도의 어려움을 겪던 어느 날이었다.
그가 내게 처음으로 진지하게 하나님을 믿을 것과 교회에 갈 것

을 권했다. 지금 생각하면 참으로 감사하고 고마운 이야기였다. 그런데 그 이야기를 들은 당시의 나는 전혀 그렇지 못했다. 나는 친구로서 할 수 없는 온갖 험한 말을 그에게 퍼부었다. 참으로 부끄러운 행동이었다. 부끄럽다는 표현으로는 부족했다. 친구의 어려움을 보고서 안타까운 마음을 가졌던 사람에게 할 수 있는 말과 행동이 아니었다.

  당시의 나는 믿음이 없었던 상태였으니 마귀의 종이었다. 무슨 말인들 못 했을까? 그런데 그때 그 친구의 반응은 매우 의외였다. 그저 아무 말 없이, 잔잔한 얼굴로 눈을 감고서 가만히 앉아 있었다. 아마도 이 말씀을 묵상하고 있었던 것 같다.

> 나는 너희에게 이르노니 악한 자를 대적하지 말라 누구든지 네 오른편 뺨을 치거든 왼편도 돌려 대며 _마 5:39
>
> 사람이 여호와의 구원을 바라고 잠잠히 기다림이 좋도다 _애 3:26

  그때 그 친구의 잔잔한 얼굴 표정이 수십 년이 지난 지금도 생생히 기억난다. 만약 그때 그 친구가 내게 다른 반응을 보였다면 어땠을까? 당시 나의 영적 상태로 보아 상당히 긴 시간 동안 그를 보지 않았을 것이다. 그리고 그와 나 사이는 지금과 다른 모습이 되었을 것이다. 후에 안 일이지만, 그때 그가 마음의 평정을 유지할 수 있었던 것은 회개를 통한 성령님의 감동이 그에게 있었기 때문이었다.

마음을 지키는 것이 힘들다는 것을 우리는 잘 안다. 주변에서 인격적으로 훌륭함에도 불구하고 어느 순간에는 불같이 화를 내는 사람을 어렵지 않게 보곤 한다. 분을 낼 뿐 아니라 미워하고, 속이고, 거짓말하고, 용서하지 못하는 모습도 보일 수 있다. 겉으로는 훌륭한 기독교인인데, 그들의 삶의 열매를 보면 전혀 다른 모습이다. 기독교인인지 아닌지는 성령의 열매로 알 수 있다. 그런데 삶 가운데 그 열매가 나타나는 사람들이 안타깝게도 많지 않다.

> 그들의 열매로 그들을 알지니 가시나무에서 포도를, 또는 엉겅퀴에서 무화과를 따겠느냐 _마 7:16

08 회개할 때 유의할 것들

회개는 평생 한 번만 하는 것이 아니다

회개는 하나님의 통치를 받아들이는 삶의 시작이며, 그 통치 아래에서 머물기 위한 필수조건이다. 하나님은 거룩하신 분이시며, 죄와 함께하실 수 없다. 그러므로 우리가 하나님의 임재와 인도하심을 따라 살기 위해서는 반드시 죄에서 돌아서는 회개를 해야 한다. 이 회개는 일회성 사건이 아니다. 삶 전체에 걸쳐 지속적으로 이루어져야 한다.

   모든 죄의 문제는 과거의 문제가 아니다. 항상 현재 진행형이다. 우리는 중생한 이후에도 여전히 죄의 유혹과 영향력 아래에 놓여 있다. 죄의 영향력은 깊고 집요하며, 육체와 마음을 속이려 한다. 성령께서 바로 이 영적 전쟁에서 우리를 도우신다. 성령은 우리가 하나님의 뜻을 깨닫게 하시고, 그 뜻을 따라 살도록 우리를 인도하신다. 우리가 그 인도하심을 따라 살면 육체의 욕심을 따르지 않게 된다.

예수님께서는 "아무든지 나를 따라오려거든 자기를 부인하고 날마다 제 십자가를 지고 나를 따를 것이니라"(눅 9:23)고 말씀하셨다. 이 말씀에서 '자기를 부인하는 삶', 곧 회개의 지속성을 지적하셨다. 예수님의 이 말씀에서 '자기를 부인한다'는 것은 자신의 자아와 욕망, 생각, 계획, 성향 같은 모든 자기중심적인 삶을 하나님 앞에 내려놓을 것을 말씀하는 것이다. 이는 단순한 자기 억제가 아니다. 철저한 자기 포기다. 더 이상 내가 내 삶의 중심이 아니라, 그리스도께서 내 안에서 주인이 되시는 정체성의 변화다. 이 말씀은 회개가 일회적 사건이 아님을 말한다. '날마다 제 십자가를 지고'라는 말씀에서 '날마다'는 우리의 삶에서 반복적 실천을 전제로 한다. 십자가는 고난의 상징일뿐만 아니라 옛사람, 즉 거짓 자아의 사형 틀이다. 날마다 십자가를 진다는 것은 날마다 옛사람의 구습을 죽이는 회개의 삶을 산다는 것이다.

> 그리스도 예수의 사람들은 육체와 함께 그 정과 욕심을 십자가에 못 박았느니라 _갈 5:24

이 말씀 역시 같은 맥락이다. 그러나 이 못 박음은 한 번의 결단으로 충분하지 않다. 세상적인 욕심은 날마다 되살아난다. 그러므로 우리는 날마다 십자가로 돌아가야 한다. 그 십자가에서 내 옛 자아를 다시 못 박고, 그리스도와 함께 다시 살아야 한다. 이러한 삶은 성령의 인도하심 없이 불가능하다. 성령께서는 신자의 마음을 조명하시며, 죄를 깨닫게 하시고, 다시 돌이키게 하신다.

> 그가 와서 죄에 대하여, 의에 대하여, 심판에 대하여 세상을 책망하시리라 _요 16:8

그러므로 회개의 반복성은 단지 인간의 결심에 따른 것이 아니다. 성령의 사역에 대한 응답으로 이루어진다. 성령께서 날마다 죄를 비추시기에, 우리는 날마다 십자가로 나아갈 수 있다.

우리는 회개를 순간의 강렬한 감정으로 제한하려는 우를 범한다. 그러나 예수님은 그런 것이 아니라고 말씀하신다. 예수님께서는 누구든지 그렇게 하면서 예수님을 따르지 않으면 예수님과 상관이 없다고 하셨다. 회개는 매일의 선택이며, 매일의 자기 부인이 요구된다. 우리는 주님을 따르기 위해 자기를 부인해야 하며, 내 뜻을 내려놓고 그분의 뜻에 순복해야 한다. 이 시간을 통하여 변화된 정체성이 더 깊게 뿌리내리게 된다.

회개를 통해 하나님 안으로 들어가는 것은 일회성의 선택이 아니다. 날마다 자기를 부인하고 십자가를 지는 삶이 바로 주님 안으로 들어가는 길이다. 그러므로 우리는 이 땅에서 숨 쉬는 날까지 회개를 멈출 수 없다.

구원의 순간에만 필요한 것이 아니다

우리는 십자가 앞에서만 온전한 자유를 얻는다. 그 자유는 매일의 회개를 통해 유지된다. 칼빈은 《기독교강요》에서 '자기 부인은 그리스도인의 삶 전체를 꿰뚫는 기본 원리이며, 이것이 곧 회개의 실제적 내용'이라고 보았다. 그는 회개를 '전 생애를 통해 이루어지는 하나님 중심의 방향 전환'이라고 설명하면서, 이것이 신자의 존재 자체를 새롭게 만든다고 강조했다.

다윗은 자신의 죄를 깨닫고서 회개했다.

> [10] 하나님이여 내 속에 정한 마음을 창조하시고 내 안에 정직한 영을 새롭게 하소서 [11] 나를 주 앞에서 쫓아내지 마시며 주의 성령을 내게서 거두지 마소서 _시 51:10-11

이 시는 회개가 단순히 죄의 고백만을 말하는 것이 아님을 보여준다. 다윗은 죄를 용서해 달라고만 구하지 않았다. 자신의 내면이 새로워지기를 간구했다. 자신의 마음 깊은 곳에서부터 새롭게 되기를 원했다. 그래서 "정한 마음을 창조하시고 정직한 영을 새롭게 하소서"라고 구한 것이다. 그의 고백은 회개가 단 한 번의 사건이 아님을 보여준다. 죄를 뉘우치는 것을 넘어, 하나님 앞에서 지속적으로 변화되기를 바라는 마음이다.

다윗은 죄의 유혹이 얼마나 무서운지 알았고, 자신이 다시 넘어지지 않도록 하나님의 도우심을 구했다. 죄의 유혹으로 넘어지면 하나님과의 관계도 무너지기 때문이다. 그래서 그는 특히 하나님과의 관계가 끊어질까 봐 두려워했다. "나를 주 앞에서 쫓아내지 마시며 주의 성령을 내게서 거두지 마소서"라는 기도는 하나님의 임재 없이 살아가는 삶이 얼마나 고통스러운지를 말해 준다. 다윗은 하나님의 임재와 성령의 동행이야말로 참된 평강임을 알았던 것이다. 그래서 그는 죄를 회개함으로써 그 평강을 다시 누리고자 했다.

다윗의 시는 우리에게 중요한 사실을 가르쳐준다. 회개가 구원의 순간에만 필요한 것이 아니라는 사실이다. 회개는 신앙생활을 하는 전 생애 동안에 이어지는 삶의 태도다. 날마다 회개하며 살아가는 사람은 날마다 하나님과의 관계 속에서 새롭게 된다. 그리고 그 안에서 참된 평안과 기쁨을 누린다.

다윗은 죄의 무게에 눌려 절망하지 않았다. 오히려 회개함으로 하나님께 다시 가까이 나아갔다. 그의 기도는 오늘날 우리에게도 동일하게 유효하다. 우리가 삶의 자리에서 반복해서 죄의 유혹을 받을 때, 그때마다 회개하며 하나님께 돌아가야 한다. 그래서 회개는 하나님과 동행하며 사는 삶을 가능하게 한다. 날마다 회개하는 자는 날마다 하나님의 평강을 누릴 수 있다. 이것이 시편 51편이 우리에게 주는 깊은 회개의 메시지이다.

조상과 공동체의 죄도 회개해야 한다

죄가 가지고 있는 특성 가운데 하나는 연대성이다. 조상의 죄가 후대에까지 이어진다는 점이 바로 그것이다. 그런 면에서 회개는 단순한 개인적인 죄의 고백을 넘어서 하는 게 옳다. 자신이 속한 신앙 공동체뿐 아니라 가문에 있는 죄까지 회개해야 한다. 기독교인이 해야 하는 회개는 자신의 양심에 찔리는 개인의 죄만을 대상으로 하는 것이 아니다. 하나님께서 감동을 주시는 모든 죄를 철저히 회개해야 한다. 그 죄의 범위가 끝이 없어 보일지라도 그래야 한다.

하나님께서는 우리의 죄뿐만 아니라 선조들의 죄로 인해 우리가 짊어지는 죄의 영향력까지 깨닫게 하시며, 그것을 회개하기를 원하신다. 구약성경을 보면 조상의 죄가 후손들에게 영향을 미친다고 정확히 기록되어 있다. 특히 하나님은 우상숭배를 철저히 배격하셨다.

> 그것들에게 절하지 말며 그것들을 섬기지 말라 나 네 하나님 여호와는 질투하는 하나님인즉 나를 미워하는 자의 죄를 갚되 아버지로부터 아들에게로 삼사 대까지 이르게 하거니와 _출 20:5

같은 말씀이 신명기에도 나온다.

> 그것들에게 절하지 말며 그것들을 섬기지 말라 나 네 하나님 여호와는 질투하는 하나님인즉 나를 미워하는 자의 죄를 갚되 아버지로부

터 아들에게로 삼사 대까지 이르게 하거니와 _신 5:9

하나님께서 우상숭배 같은 죄악이 3,4대의 후대까지 영향을 미친다고 말씀하신 것이다. 그것은 율법을 받은 이스라엘 민족이나 다른 종족도 마찬가지다. 우리나라에 기독교가 전도되기 전일지라도 마찬가지다. 조상이 지은 죄, 특히 우상과 관련된 죄는 우리가 그 후대일지라도 반드시 회개해야 한다.

우리가 조상들의 죄를 회개하는 것은 하나님의 언약 회복과도 관련되어 있다.

> [40]그들이 나를 거스른 잘못으로 자기의 죄악과 그들의 조상의 죄악을 자복하고 또 그들이 내게 대항하므로 [41]나도 그들에게 대항하여 내가 그들을 그들의 원수들의 땅으로 끌어 갔음을 깨닫고 그 할례 받지 아니한 그들의 마음이 낮아져서 그들의 죄악의 형벌을 기쁘게 받으면 [42]내가 야곱과 맺은 내 언약과 이삭과 맺은 내 언약을 기억하며 아브라함과 맺은 내 언약을 기억하고 그 땅을 기억하리라
>
> _레 26:40-42

이 말씀은 단순히 죄의 형벌이 유전된다는 의미가 아니다. 죄로 인한 영향력이 후대에까지 이어질 수 있음을 말하는 것이다.

성경은 특정한 죄악이 한 세대에서 끝나지 않고 지속적으로 영향을 미치는 사례를 보여준다. 그러므로 우리는 단순히 자신

의 죄만이 아니라 조상, 공동체, 민족의 죄까지도 하나님 앞에 회개해야 한다. 물론 우리가 그 모든 죄를 다 알 수는 없다. 그러나 하나님은 우리에게 정확히 알려주신다. 하나님께서는 회개해야 할 것을 하나하나 우리에게 생각나게 하시고, 우리가 그것을 대신해서 회개할 수 있게 인도하신다.

느헤미야는 이스라엘 백성의 죄뿐 아니라 조상들의 죄까지도 하나님께 고백하며 용서를 구했다.

> [6]이제 종이 주의 종들인 이스라엘 자손을 위하여 주야로 기도하오며 우리 이스라엘 자손이 주께 범죄한 죄들을 자복하오니 주는 귀를 기울이시며 눈을 여시사 종의 기도를 들으시옵소서 나와 내 아버지의 집이 범죄하여 [7]주를 향하여 크게 악을 행하여 주께서 주의 종 모세에게 명령하신 계명과 율례와 규례를 지키지 아니하였나이다
>
> _느 1:6-7

다니엘 역시 바벨론 포로기에 이스라엘의 죄를 대속하는 마음으로 기도하며 조상들의 죄까지 자백했다.

> [6]우리가 또 주의 종 선지자들이 주의 이름으로 우리의 왕들과 우리의 고관과 조상들과 온 국민에게 말씀한 것을 듣지 아니하였나이다 [7]주여 공의는 주께로 돌아가고 수치는 우리 얼굴로 돌아옴이 오늘과 같아서 유다 사람들과 예루살렘 거민들과 이스라엘이 가까운 곳

에 있는 자들이나 먼 곳에 있는 자들이 다 주께서 쫓아내신 각국에서 수치를 당하였사오니 이는 그들이 주께 죄를 범하였음이니이다 ⁸주여 수치가 우리에게 돌아오고 우리의 왕들과 우리의 고관과 조상들에게 돌아온 것은 우리가 주께 범죄하였음이니이다마는 ⁹주 우리 하나님께는 긍휼과 용서하심이 있사오니 이는 우리가 주께 패역하였음이오며 ¹⁰우리 하나님 여호와의 목소리를 듣지 아니하며 여호와께서 그의 종 선지자들에게 부탁하여 우리 앞에 세우신 율법을 행하지 아니하였음이니이다 _단 9:6-10

느헤미야서나 다니엘서를 보면, 민족, 왕, 조상 등의 모든 죄를 하나님 앞에서 회개했다. 단순히 개인적인 죄만 회개하는 것이 아니라 모든 죄를 회개해야 한다는 걸 알 수 있다. 이것이 성경이 가르치는 깊은 회개이며, 하나님의 공의와 자비를 구하는 태도다. 동시에 기억할 것이 있다. 우리가 지은 죄가 후대에 영향을 미치지 않도록 해야 한다는 것이다. 우리는 자신이 짓는 죄가 단순히 개인적인 문제로 끝나지 않으며, 다음 세대에도 영향을 줄 수 있음을 인식해야 한다. 따라서 죄를 깨닫는 즉시 철저히 회개하고, 죄의 고리를 끊어야 한다.

생각으로 지은 죄도 회개해야 한다

회개는 행동으로 지은 죄만 고백하는 것이 아니다. 생각으로 지은 죄까지 회개해야 한다. 인간의 죄는 외적 행동에서 비롯되는 것만이 아니기 때문이다. 죄는 생각과 마음에서 시작된다.

예수님은 "옛사람에게 말한 바 살인하지 말라 누구든지 살인하면 심판을 받게 되리라 하였다는 것을 너희가 들었으나"(마 5:21)라고 말씀하시면서 '살인하지 말라'는 계명을 언급하셨다. 그런데 형제를 향해 분노하거나 미워하는 것도 살인과 동일한 죄라고 말씀하셨다.

> 나는 너희에게 이르노니 형제에게 노하는 자마다 심판을 받게 되고 형제를 대하여 라가라 하는 자는 공회에 잡혀가게 되고 미련한 놈이라 하는 자는 지옥 불에 들어가게 되리라 _마 5:22

요즘 우리 시각으로 보면 이해하기 어려운 기준이다.

그런데 이보다 더 이해 안 되고 섬뜩한 말씀도 하셨다. 간음에 관한 말씀이다. '간음하지 말라'라는 계명을 인용하시면서, "또 간음하지 말라 하였다는 것을 너희가 들었으나 나는 너희에게 이르노니 음욕을 품고 여자를 보는 자마다 마음에 이미 간음하였느니라"(마 5:27-28)라고 하셨다. 여자를 보고 음욕을 품는 것도 이미 마음속에서 간음한 것과 같다고 선언하신 것이다. 이는 죄가 외적 행위에만 국한되지 않고 마음과 생각에서 비롯된다는 기준을 명확히 말씀하신 것이다. 예수님께서 율법의 기준을 더 높은 차원으로 올려놓으신 것이다.

오늘날 우리나라에서 죄를 지으면 법의 심판을 받는다. 그런데 죄의 경중에 따라 판결은 달라진다. 당연히 살인은 다른 죄보다 중한 처벌을 받는다. 그러나 예수님은 죄는 모두 같은 죄라고 말씀하셨다. 율법을 통해 모든 죄가 같다고 말씀하신 것이다.

그러면, 왜 예수님께서 죄의 기준을 행위에서 마음으로, 그 경계선을 옮겨 놓으셨을까? 그것은 인간의 마음이 부패하였고 죄의 본성을 가지고 있기 때문이다.

> 만물보다 거짓되고 심히 부패한 것은 마음이라 누가 능히 이를 알리요마는 나 여호와는 심장을 살피며 폐부를 시험하고 각각 그의 행위와 그의 행실대로 보응하나니 _렘 17:9

하나님의 생명이 없는 인간은 어쩔 수 없이 죄에 종노릇할 수밖에 없음을 말씀하고 있다. 그래서 하나님은 그 마음에서 나오는 행위와 행실대로 보응하신다는 것이다.

하나님께서 보시기에, 인간이 하나님을 떠나면 죄 가운데 머물 수밖에 없음을 정확히 알려주신 말씀이 있다.

> 여호와께서 사람의 죄악이 세상에 가득함과 그의 마음으로 생각하는 모든 계획이 항상 악할 뿐임을 보시고 _창 6:5

죄가 외적 행동에만 있는 것이 아니라, 인간의 타락한 본성에서 비롯된다는 것이다. 그러므로 우리는 생각 속에서 일어나는 죄까지 하나님 앞에서 회개해야 한다. 우리의 마음속에 들어오는 많은 생각이 죄에서 비롯된 것이기 때문이다. 세상의 가치관, 마귀의 유혹, 그리고 구습에 물든 죄악된 본성 등, 이 모든 것이 우리의 생각을 오염시킨다.

마귀는 오염된 생각이 행동으로 이어지게 한다. 사도 바울은 우리가 이러한 죄의 유혹에 맞서기 위해 영적 분별력을 가져야 한다고 강조하였다. 물론 이것이 성령님의 감동에 따른 영적 분별인 것은 말할 것도 없다.

> 너희는 이 세대를 본받지 말고 오직 마음을 새롭게 함으로 변화를 받아 하나님의 선하시고 기뻐하시고 온전하신 뜻이 무엇인지 분별하도록 하라 _롬 12:2

또한 이 말씀은 예수님께 대한 철저한 복종을 강조한다.

> ⁴우리의 싸우는 무기는 육신에 속한 것이 아니요 오직 어떤 견고한 진도 무너뜨리는 하나님의 능력이라 모든 이론을 무너뜨리며 ⁵하나님 아는 것을 대적하여 높아진 것을 다 무너뜨리고 모든 생각을 사로잡아 그리스도에게 복종하게 하니 _고후 10:4-5

우리의 생각이 우리의 생각이 아니니, 모든 생각을 사로잡아 그리스도께 복종해야 한다고 강조하는 것이다. 우리의 생각은 끊임없이 죄의 영향을 받을 수 있다. 그러므로 생각으로 지은 죄를 자각하고 하나님께 나아가 용서를 구해야 한다. 우리가 죄의 유혹을 받을 때, 그것을 우리의 생각으로 받아들이지 않고, 즉시 하나님 앞에 내려놓는 것이 중요하다. 그럴 때 우리가 복음에 빚진 자로서 세상의 모든 사람에게 하나님의 생명을 드러내는 사람이 되는 것이다. 즉, 우리의 생각이 죄의 영향을 받지 않도록, 하나님의 말씀과 성령의 인도하심을 따라야 한다는 것이다.

> 끝으로 형제들아 무엇에든지 참되며 무엇에든지 경건하며 무엇에든지 옳으며 무엇에든지 정결하며 무엇에든지 사랑받을 만하며 무엇에든지 칭찬받을 만하며 무슨 덕이 있든지 무슨 기림이 있든지 이것들을 생각하라 _빌 4:8

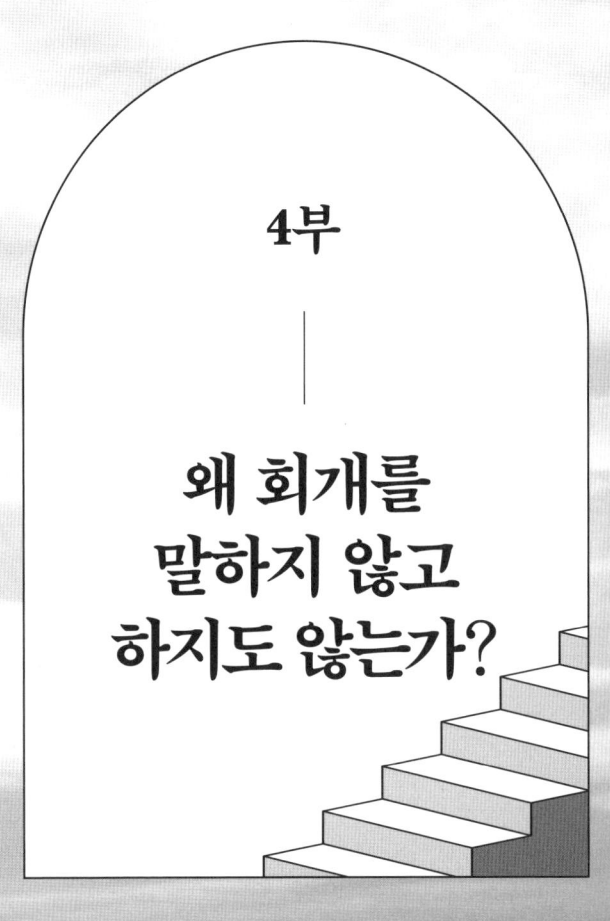

4부

왜 회개를 말하지 않고 하지도 않는가?

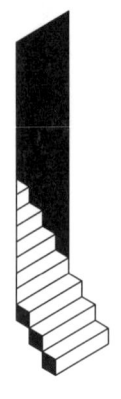

09
회개가
부담스러운 이유

역린을 건드리기 때문이다

지금까지 살핀 것처럼, 회개는 우리가 일상에서 늘, 반드시 해야 할 일이다. 그런데, 오늘날 한국교회에서, 특히 설교 단상에서 멀어지고 있는 주제가 있다. 바로 '회개'와 '십자가'다. 이 두 주제는 신앙의 핵심이다. 그런데도 설교에서는 점점 언급되지 않는다. 이유는 단순하다. 성도들이 듣기 싫어하기 때문이다. 오랜 세월 신앙생활을 해온 장로나 권사 같은 중직자들이 특히 그렇다. 강단에서 회개라는 말이 나오면, 그것이 자신을 겨냥한 말이라고 오해할 수 있다. 그래서 설교 시간에 회개를 언급하면 얼굴이 굳어지는 사람들이 있다. 대개는 침묵하지만, 설교 후에 불편한 마음을 대놓고 말하는 이도 간혹 있다. 이런 반응 뒤에는 깊이 뿌리박은 죄의 작용이 숨어 있다.

죄는 자기를 의롭게 보이게 만든다. 오랜 신앙 연륜과 교회 내의 위치도 자기 신앙의 경건함을 보증한다고 믿게 만든다. 그래서 회개에 대한 거부감의 원인이 무엇인지 구분하기 어렵다. 그러나 성경은 분명히 말한다.

> 만일 우리가 죄 없다 하면 스스로 속이고 또 진리가 우리 속에 있지 아니할 것이요. _요일 1:8

신앙이 오래되었어도 회개는 여전히 필요하다. 오히려 더 깊어져야 한다. 하지만 현실은 정반대로 흐른다.

많은 성도가 이런 말을 한다.

"이미 예수님의 보혈로 용서받았다."

"우리는 구원받았다."

물론 사실이다. 그러나 그 속에는 "이제는 회개하지 않아도 된다"라는 잘못된 신념이 스며 있다. 그 생각 자체가 회개를 필요로 하는 증거라는 사실은 인지하지 못한다. 그 결과가 오늘날 우리 교회의 현주소이다. 목회자는 회개라는 주제를 설교에서 피한다. 성도들의 반응이 두렵기 때문이다. 회개의 메시지를 전하면 교회가 시끄러워질 수 있고, 교인이 떠날 수도 있다. 그래서 자연히 이 주제를 회피하게 된다. 대신 사랑, 회복, 축복, 위로 같은 말들이 설교의 중심을 차지한다.

하지만 회개 없는 은혜는 값싼 은혜다. 디트리히 본회퍼는《나를 따르라》에서 이를 경고했다. "값싼 은혜는 죄를 그대로 두고도 용서를 말하는 것이다. 십자가가 없는 은혜, 회개 없는 성례다." 그는 나치 독일의 교회가 복음의 본질을 감추고 체제에 협조할 때 회개와 십자가를 외면했음을 비판했다. 그 시대의 교회도 오늘날과 비슷한 방식으로 진리를 피했다.

역사적으로도 교회는 '진리'보다 '분위기'를 택했던 때가 있었다. 예를 들어 18세기 말에서 19세기 초 유럽과 미국의 교회는 계몽주의와 산업화 속에서 인간의 이성과 긍정적 심성만을 강조하게 되었다. 회개, 죄, 심판은 부정적 주제로 여겨졌고, 설교에서 점점 사라졌다. 결과는 영적 생명력의 상실이었다. 이에 반응하여 일어난 운동이 복음주의 부흥 운동이었다. 조나단 에드워즈, 조지 휫필드, 존 웨슬리 같은 인물들이 회개를 선포했고, 대각성 운동(Great Awakening)이 촉발되었다. 이들은 단순히 도덕의 개선이 아니라 내면의 철저한 돌이킴을 외쳤다. 그리고 놀라운 부흥이 일어났다.

성경은 회개의 본질이 공동체 전체에 해당된다고 말한다.

> 내 이름으로 일컫는 내 백성이 그들의 악한 길에서 떠나 스스로 낮추고 기도하여 내 얼굴을 찾으면 내가 하늘에서 듣고 그들의 죄를 사하고 그들의 땅을 고칠지라 _대하 7:14

이 말씀은 외부인이 아니라 하나님을 믿는 '내 백성'을 향한 요청이다. 그러나 지금 교회는 그 '내 백성'이 회개할 필요가 없다고 믿는다. 그래서 공동체가 스스로를 진단하지 못한다. 회개는 초신자나 하는 일처럼 여겨지고, 오랜 신자는 회개라는 말을 듣는 것조차 부담스러워한다. 그렇게 해서 공동체 전체가 회개의 감각을 잃어버린다. 이런 상황에서 우리는 선택의 기로에 선다. 진리를 선포할 것인가, 분위기를 유지할 것인가. 현실적 유혹은 분위기다. 그러나 성경은 지금 회개를 회피하는 성도들에게 질문한다.

> 사람에게 좋게 하랴 하나님께 좋게 하랴 내가 지금까지 사람을 기쁘게 하였다면 그리스도의 종이 아니니라 _갈 1:10

복음을 선포하는 자는 때때로 사람의 눈총을 감수해야 한다. 진리를 감춘 평안은 진짜 평안이 아니다. 필자는 지금 이 글을 쓰면서 그것을 절감한다. 회개를 말한다는 것 자체가 교회 내의 '역린'(逆鱗)을 건드리는 일이 되고 말았다.

이제 회개는 누구도 쉽게 말하지 않는 것이 되었다. 회개를 말하는 순간 누군가의 방어가 시작되고, 어떤 이는 등을 돌릴 수도 있다. 그러나 말하지 않으면 안 된다. 회개는 복음의 출발점이기 때문이다. 복음은 누구에게나 회개를 요구한다. 회개 없는 부흥은 없다. 진정한 회복은 진리를 말하는 데서 시작된다. 그러므로 지금 한국교회가 다시 살아나려면 회개의 자리로 돌아가야 한다. 그것이 불편할지라도, 고통스러울지라도, 그 길만이 생명으로 향하는 길이다.

구원 복음의 함정에 빠져 있기 때문이다

오늘날 한국교회의 복음 이해는 구원 복음에 편중되어 있다. 복음을 말하면 곧 예수 믿고 구원받는 것으로 요약된다. 이 복음은 분명히 진리다. 그러나 그것이 복음의 전부가 될 때, 복음은 축소되고 왜곡된다. 구원의 복음이 신앙의 시작이지만, 전부는 아니다. 그런데 현실에서는 많은 신자들이 '구원을 받았다'라는 이유로 신앙의 긴장을 내려놓는다.

지금 한국교회의 대부분 성도는 자기가 구원받았다고 확신한다. 이 확신은 곧 "나는 더 이상 회개하지 않아도 된다"라는 태도로 이어진다. 이것이 회개를 외면하게 되는 구조적 배경이다. 복음이 오직 구원에만 고정되어 있기 때문이다. 삶을 다루는 복음, 성숙을 요구하는 복음, 하나님의 통치를 받아들이게 하는 복음은 설 자리를 잃는다.

신약성경은 구원을 과거의 사건으로만 보지 않는다. 오히려 구원은 진행 중인 여정이며, 미래에 완성될 목적지이다. 사도 바울은 말한다.

그러므로 나의 사랑하는 자들아 너희가 나 있을 때뿐 아니라 더욱

> 지금 나 없을 때에도 항상 복종하여 두렵고 떨림으로 너희 구원을 이루라 _빌 2:12

이는 구원받은 자에게 하는 말이다. 이미 받은 구원을 '이루라'고 말하기 때문이다. 바울은 구원을 한 번의 선포가 아니라 지속적이고 전인격적인 순종과 헌신의 과제로 보고 있다.

성경에서 구원은 세 가지 시제를 가진다. 과거에는 '영'이 구원받았다. 현재는 '혼'이 변화되고 있으며, 미래에는 '몸'이 영화롭게 된다.

> [24]우리가 소망으로 구원을 얻었으매 보이는 소망이 소망이 아니니 보는 것을 누가 바라리요 [25]만일 우리가 보지 못하는 것을 바라면 참음으로 기다릴지니라 _롬 8:24-25

이 말씀은 구원이 아직 완성되지 않았음을 말해준다. 성령께서 우리의 마음 안에서 탄식하시며, 우리 안에 있는 '영광의 소망'을 성취하기까지 이끌어 가신다.

> 그뿐 아니라 또한 우리 곧 성령의 처음 익은 열매를 받은 우리까지도 속으로 탄식하여 양자 될 것 곧 우리 몸의 속량을 기다리느니라 _롬 8:23

그러나 오늘날의 교회는 구원의 전 과정을 이해하지 못하는 것 같다. 아예 영과 혼을 구분하지 않기도 한다. 그 결과 신앙생활의 중심이 그냥 뭉뚱그려 '받은 것'에만 고정되고, '이루어야 할 것'은 소외된다. 그래서 "나는 이미 천국행 티켓을 받았으니 어떻게 살든 상관없다"라는 식의 무감각한 신앙마저 생겨난다. 이런 사고는 신앙의 책임을 제거한다. 믿음은 그저 과거의 고백으로 머물고, 현재의 순종과 미래의 소망은 흐려진다. 구원이 종착역이 아닌 출발점임에도 불구하고, 많은 성도들은 구원을 마치 도착지처럼 여기고서 멈춰 선다. 그 멈춤이 회개 없는 삶으로 이어지는 것이다. 그러나 초대교회는 이런 구원관을 갖고 있지 않았다. 사도들은 구원받은 자들에게 여전히 경고하고, 싸우라고 요구했다.

> 너희는 믿음 안에 있는가 너희 자신을 시험하고 너희 자신을 확증하라 예수 그리스도께서 너희 안에 계신 줄을 너희가 스스로 알지 못하느냐 그렇지 않으면 너희는 버림 받은 자니라 _고후 13:5_

구원은 확정된 신분을 갖게 하지만, 동시에 지속적으로 실현되어야 할 실제다. 신분과 현실 사이의 간극을 메우는 것이 신앙의 여정이다. 그런데도 지금의 교회는 그 간극을 무시한 채 신분만을 강조하고 있다. 그러니 삶의 변화가 일어나지 않고, 회개가 요청되지 않으며, 영적 성장이 정체되는 것이 아니겠는가.

한국교회는 당연히 복음을 말하지만, 그 복음이 지나치게 '구원 복음'에만 갇혀 있지는 않은지 생각해 보자. 구원은 시작일 뿐이다. 복음은 구원 이후의 삶, 곧 하나님의 나라와 그 의를 구하는 삶을 포함한다. 성화와 영화까지를 포함하는 하나님의 총체적 계획인 것이다. 그러니 지금의 복음 이해는 단절적이다. 영적 출발선에서 모든 것이 끝난 것처럼 여겨지기 때문이다. 이런 복음관은 회개를 외면하게 만든다. 더 이상 바뀔 필요가 없다는 자기확신, 이미 모든 것이 끝났다는 자기완성, 이런 것들이 회개의 필요를 제거한다. 그리고 이런 교회 분위기 안에서 회개를 외치는 설교는 '불필요한 자극'으로 치부된다. 오늘날 우리가 마주한 교회의 이런 현실은 단순한 내용의 문제가 아니다. 복음의 구조 자체가 왜곡된 결과다. '나는 구원받았다'라는 선언이 '나는 더 이상 변하지 않아도 된다'라는 결론으로 이어지는 구조적 왜곡인 것이다. 이것이 바로 한국교회가 회개를 외면하게 된 본질이다. 성경은 결코 그렇게 말하지 않는다.

> ¹³형제들아 나는 아직 내가 잡은 줄로 여기지 아니하고 오직 한 일 즉 뒤에 있는 것은 잊어버리고 앞에 있는 것을 잡으려고 ¹⁴푯대를 향하여 그리스도 예수 안에서 하나님이 위에서 부르신 부름의 상을 위하여 달려가노라 _빌 3:13-14

구원은 도착이 아니라 방향이다. 고백이 아니라 여정이다. 소유가 아니라 변화다.

우리는 이제 물어야 한다. 한국교회가 말하는 '복음'은 과연 성경이 말하는 복음인가? 구원은 받았지만 회개는 필요 없다고 말하는 복음이 과연 사도들이 전한 복음인가? 아니면 축소되고 왜곡된 복음인가?

지금 우리가 다시 회개를 말해야 하는 이유는 복음 자체가 축소되었기 때문이다. 회개를 말하기 어려운 이유는 복음을 부분적으로만 믿고 있기 때문이다. 우리가 회개를 외면하는 것은 복음의 완성으로부터 멀어지고 있다는 신호다.

하나님 나라 복음을 외면하기 때문이다

구원받았다는 확신은 필요하다. 그러나 그 확신이 "나는 이제 괜찮다"라는 자기완화로 곧 이어질 때, 복음은 방향을 잃는다. 복음이 구원에만 고정될 때, 회개는 멈춘다.

신약성경은 구원을 시작점으로 본다. 그 시작은 반드시 진행과 완성을 요구한다. 그 사이에 있는 것이 하나님 나라다. 다시 말해, 복음은 그냥 복음이 아니라 하나님 나라 복음인 것이다. 예수님께서는 복음을 전하시며 이렇게 선포하셨다.

> 때가 찼고 하나님의 나라가 가까이 왔으니 회개하고 복음을 믿으라
> _막 1:15

예수님의 복음 선포는 단지 "구원받아라"가 아니었다. 복음은 하나님의 나라의 도래였고, 그것에 응답하는 방식이 회개였다. 이 복음은 구원 자체보다 더 넓고 깊은 현실을 전제한다. 하나님이 이 땅에 임하시며, 인간의 주권이 무너지고 하나님의 통치가 시작된다는 소식이기 때문이다.

그러나 오늘날 많은 신자들은 복음을 '내가 구원받았다는 선언'으로만 이해한다. 하나님이 임하신다는 복음이 아니라, 내가 천국행 티켓을 얻었다는 선언에 그친다. 복음이 이렇게 구원으로만 이해될 때, 삶은 변화 없이 그대로 머물러 있어도 된다고 여겨진다. 그 결과 하나님 나라에 대한 갈망도, 하나님의 뜻을 좇으려는 몸부림도 사라진다.

그런데 성경에서 말씀하시는 복음은 지금 이 땅에서 하나님의 통치가 시작되는 것이다. 그 통치는 성령의 임재로 나타난다.

> 하나님의 나라는 먹는 것과 마시는 것이 아니요 오직 성령 안에 있는 의와 평강과 희락이라 _롬 14:17

성령은 우리 안에 거하시며, 우리의 삶 전체를 새롭게 다스리신다. 이것이 하나님 나라 복음의 실제다. 그 복음은 삶의 모든 영역에서 '내가 주인'이 아닌 '하나님이 주인'이라는 현실을 요청한다. 복음을 구원에만 고정하는 신앙은 이런 요구를 감당하지 않는다. 그런 복음은 나의 유익이 중심이 되고, 하나님의 뜻은 부차적이다. '내가 구원받았다'라는 말은 중심에 있으나, '하나님이 내 삶을 다스리신다'라는 고백은 희미하다. 그러나 하나님의 나라는 하나님이 통치하시는 질서다. 하나님이 왕이시고, 우리는 그분의 백성이자 자녀다. 회개는 바로 이 통치를 받아들이는 방식이다. 내가 주인이던 삶을 내려놓고, 하나님의 주권을 받아들이는 전환이 그래서 필요하다.

그러나 오늘날 한국교회는 이 전환을 외면하고 있다. 구원은 말하지만, 하나님의 나라는 말하지 않는다. 죄 사함은 말하지만, 삶의 변화는 말하지 않는다. 복음의 출발은 강조하지만, 복음의 목적은 생략한다. 그 결과, 회개는 설 자리를 잃는다. 회개를 말하면 불편하다고 여긴다.

그러나 회개는 정죄가 아니다. 하나님의 나라가 가까이 왔기 때문에 요구하시는 하나님의 요청이다. 그래서 하나님 나라 복음을 받아들이는 곳에서 회개는 자연스럽게 일어난다. 성령께서 임하시면 죄가 드러난다. 내 삶의 자리가 하나님의 통치에 순복하지 않았음을 깨닫게 된다. 회개는 바로 그 자리에서 시작된다.

다시 강조하지만, 회개 없는 복음은 없다. 복음은 하나님이 임하시는 사건이기 때문이다. 그분이 오시면 우리는 반드시 변화된다. 그 변화는 단지 과거의 죄를 씻는 데서 끝나지 않는다. 지금의 삶을 새롭게 정렬하는 것이다. 하나님이 나의 주인이 되시는 삶이 시작되는 것이다.

그래서 우리는 지금, 다시 회개를 말해야 한다. 회개는 하나님 나라 복음을 받아들이는 문이다. 그 문을 통과해야만 복음이 더 이상 축소되지 않고, 온전히 회복될 수 있다.

죄에 대한 인식이 약해졌기 때문이다

오늘날 많은 기독교인이 회개하지 않는 이유 중 하나는 죄에 대한 감각의 약화다. 죄에 대한 영적 민감성이 흐려지면 회개는 더 이상 절실하지 않다. 회개는 단순히 감정적 반응이 아니다. 하나님의 거룩하심 앞에서 죄를 자각하고, 삶의 방향을 돌이키는 영적 행위다. 그러므로 죄의 심각성을 인식하지 못하면 회개가 시작되지 않는다.

현대 사회는 도덕적 상대주의와 인간 중심의 관용 문화를 기반으로 하고 있다. 이 문화는 죄를 절대적으로 잘못된 것으로 보지 않는다. 죄는 정죄할 수 없는 '개인의 선택'으로 바뀐다. "누가 누구를 판단할 수 있는가?"라는 질문이 모든 판단을 막는다. 절대적 윤리를 상대화하는 이 흐름은 결국 죄를 실수나 환경 탓으로 축소시킨다. 그러면서 인간 내면의 부패와 교만에 대한 자각은 점점 사라진다. 이러한 세속적 사고가 교회 안에도 깊이 스며들었다. 많은 성도가 죄를 실존적인 타락으로 보기보다 습관이나 감정적 상태로 여긴다.

그러나 성경은 죄를 하나님의 통치를 거부하는 반역으로 정의한다. 창세기 3장의 사건이 보여주듯, 죄는 단순히 과일의 섭취가 아니다. 그것은 하나님의 명령을 거절하고, 인간 스스로 선악의 기준을 세우는 자기주권의 선언이었다. 아담과 하와는 마귀의 유혹에 따라 하나님의 말씀을 의심했다. 그 결과 하나님의 생명을 잃었고, 죄의 종이 되었다. 아담과 하와의 선악과 사건은 인간 내면 깊은 곳에 뿌리내린 교만과 불신을 드러낸다. 죄란 바로 그런 것이다. 단지 잘못된 행동이 아니다. 하나님 없이 살고자 하는 존재의 고백이다.

오늘날 많은 기독교인은 죄의 본질보다 그 사회적 결과나 개인의 불편에만 집중한다. 그러다 보니 죄에 대한 통회나 애통이 사라진다. 회개는 신앙의 중심에서 점점 밀려난다. 그러나 하나님은 말씀하신다.

> [12]이제라도 금식하고 울며 애통하고 마음을 다하여 내게로 돌아오라 … [13]너희는 옷을 찢지 말고 마음을 찢고 너희 하나님 여호와께로 돌아올지어다 _요엘 2:12-13

하나님은 마음의 깊은 전환을 원하신다. 겉모양이 아닌 내면의 변화를 요청하신다.

죄의식이 사라지는 또 하나의 이유는 성령의 조명이 결여되었기 때문이다. 성령께서 우리 마음을 비추실 때만 우리가 죄를 진정으로 깨달을 수 있다. 그러나 성령 없이 신앙생활을 이어가면 양심은 점점 무뎌진다. 바울은 이 상태를 "양심이 화인을 맞은 자들"(딤전 4:2)이라고 묘사했다. 자신의 행동을 합리화하고, 회개하지 않으며, 끝내는 돌이킬 길을 잃는 것이다.

> [18]그들의 총명이 어두워지고 그들 가운데 있는 무지함과 그들의 마음이 굳어짐으로 말미암아 하나님의 생명에서 떠나 있도다 [19]그들이 감각 없는 자가 되어 자신을 방탕에 방임하여 모든 더러운 것을 욕심으로 행하되 _엡 4:18-19

이 말씀은 죄에 무감각해진 사람의 영적 상태를 그대로 보여 준다. 이것은 하나님의 생명에서 떠난 모습이다. 회개의 부재는 결국 영혼의 침묵으로 이어진다.

회개하지 않는 삶의 문제는 개인만의 것이 아니다. 교회 전체의 신앙에도 영향을 미친다. 회개를 가르치지 않는 교회는 값싼 은혜로 흐르게 된다. 그러므로 이제 교회는 죄에 대한 바른 인식을 다시 세워야 한다. 하나님 앞에서 죄는 단순한 실패가 아니다. 그것은 관계의 단절이며, 생명에서의 이탈이다. 성령의 조명 없이는 죄를 제대로 이해할 수 없다. 성령께서 죄를 조명하셔야만, 우리는 마음을 찢고 하나님께 돌아갈 수 있다.

회개는 단지 죄를 털어놓는 행위가 아니다. 하나님과의 관계 회복에 대한 간절한 열망이다. 하나님의 뜻을 따라 살고자 하는 의지이며, 성령 안에서 새롭게 살아가려는 믿음의 반응이다. 그러므로 지금 우리는 다시 죄에 민감해져야 한다. 하나님의 거룩하심을 기억하고, 죄의 본질을 바로 보아야 한다. 그래야 회개가 다시 살아난다. 회개는 성숙한 신앙의 첫걸음이자, 마지막까지 이어지는 여정이다.

마르틴 루터는 1517년 비텐베르크 교회에 붙인 '95개 조 반박문'의 첫 조항에서 이렇게 말했다. "우리 주 예수 그리스도께서 '회개하라'고 하셨을 때, 그분은 신자의 모든 삶이 회개이기를 원하셨다."

마귀의 시험이 회개하지 못하게 한다

오늘날 많은 그리스도인이 끊임없이 기도하고 예배에 참여하지만, 정작 회개의 자리에는 나아가지 못한다. 그 원인은 단순히 게으름이나 의지 부족이 아니다. 신자들을 회개로부터 멀어지게 하는 강력한 영적 원인은 따로 있다. 바로 마귀의 시험과 방해이다.

대부분 교회에서 마귀의 실재성을 애매하게 받아들인다. 어떤 이들은 마귀를 인간 내면의 악한 충동이나 상징적 개념으로만 해석한다. 반대로 어떤 이들은 마귀를 공포 영화의 괴물처럼 왜곡된 이미지로 상상한다. 하지만 이런 접근은 모두 성경의 증언과 거리가 있다. 성경은 마귀가 실제로 존재하는 인격적 존재라고 명확히 증언한다.

> 근신하라 깨어라 너희 대적 마귀가 우는 사자 같이 두루 다니며 삼킬 자를 찾나니_벧전 5:8

> 너희는 마귀의 간계를 능히 대적하기 위하여 하나님의 전신갑주를 입으라 _엡 6:11
>
> 너희는 너희 아비 마귀에게서 났으니… 그는 거짓말쟁이요 거짓의 아비가 되었음이라 _요 8:44
>
> 하루는 하나님의 아들들이 와서 여호와 앞에 섰고 사탄도 그들 가운데에 온지라 _욥 1:6

이처럼 마귀는 하나님의 백성을 시험하고 미혹하며, 복음과 진리로부터 이탈하게 하려는 실체적 존재다. 성경은 그를 '속이는 자'(계 12:9). '참소하는 자'(계 12:10). '거짓의 아비'(요 8:44)로 부른다.

마귀의 시험은 도덕적 타락이나 일시적 유혹에 그치지 않는다. 마귀의 궁극적 전략은 인간과 하나님 사이의 관계를 끊는 데 있다. 가장 효과적인 방법은 죄를 지은 후에도 회개하지 못하도록 막는 것이다. 이를 위해 마귀는 신자의 마음속에 거짓된 생각을 주입한다.

'이미 구원을 받았으니 더 이상 회개할 필요가 없다.'
'하나님은 사랑이시니 어차피 용서하실 것이다.'
'나는 너무나 많은 죄를 지어서 회개해도 소용이 없다.'

이러한 속임수는 우리의 마음을 무디게 하고, 죄에 대한 감각을 마비시킨다. 결국 우리가 회개 자체를 무의미하게 여기도록 만든다. 회개는 점차 멀어지고, 죄는 은밀히 자리를 잡는다. 그러는 사이, 하나님과의 교제는 점점 단절된다.

예수님께서도 제자들에게 마귀의 시험을 경고하셨다.

> 시험에 들지 않게 깨어 기도하라 마음에는 원이로되 육신이 약하도다 하시고 _마 26:41

사도 바울은 마귀의 전략에 대해 다음과 같이 밝힌다.

> 이 세상의 신이 믿지 아니하는 자들의 마음을 혼미하게 하여 그리스도의 영광의 복음의 광채가 비치지 못하게 함이니 _고후 4:4

회개는 복음 안에서 하나님께로 돌이키는 생명의 문이다. 마귀는 바로 이 문을 막기 위해 치밀하게 활동한다.

마귀는 인간의 내면적 연약함을 파고든다. 죄책감, 수치심, 자기 정당화, 영적 무관심이라는 틈을 공략한다. 특히 신자들에게 죄를 자각하면서도 회개하지 못하게 만드는 심리적 왜곡을 조장한다. 회개를 너무 어렵고 고통스럽게 느끼게 하거나, '무의미한 반복'으로 간주하게 만든다. 때로는 회개의 감정을 '자기연민'으로 바꾸어버리기도 한다. 이러한 유혹은 죄를 하나님께 가져가지 못하게 한다. 결국 죄가 마음속에 쌓이고, 양심은 무뎌지며, 하나님과의 교제는 끊어진다. 바로 이것이 마귀가 원하는 최종 결과다. 그래서 회개하지 않으면 믿음의 삶은 외형만 남고 능력을 잃게 된다. 이것은 교리적 문제이자 실존적 비극이다.

성경은 마귀의 시험에 맞서 싸우라고 명한다.

> 너희는 믿음을 굳건하게 하여 그를 대적하라 이는 세상에 있는 너희 형제들도 동일한 고난을 당하는 줄을 앎이라 _벧전 5:9
>
> 마귀를 대적하라 그리하면 너희를 피하리라 _약 4:7

회개는 죄에 대해 하나님의 시선으로 동의하며, 그 죄를 끊고 하나님께로 돌이키는 믿음의 행위임을 잊지 말자. 이는 마귀가 뿌려놓은 거짓을 거부하고, 진리 가운데로 나아가는 영적 결단이다. 그러므로 신자에게 있어서 회개는 수치가 아닌 능력이며, 패배가 아닌 회복의 시작이다. 회개할 때, 성령께서 우리 안에 역사하신다. 은혜는 회개 위에 임한다. 회개는 하나님의 용서가 유효하게 적용되도록 하는 복음의 문이다.

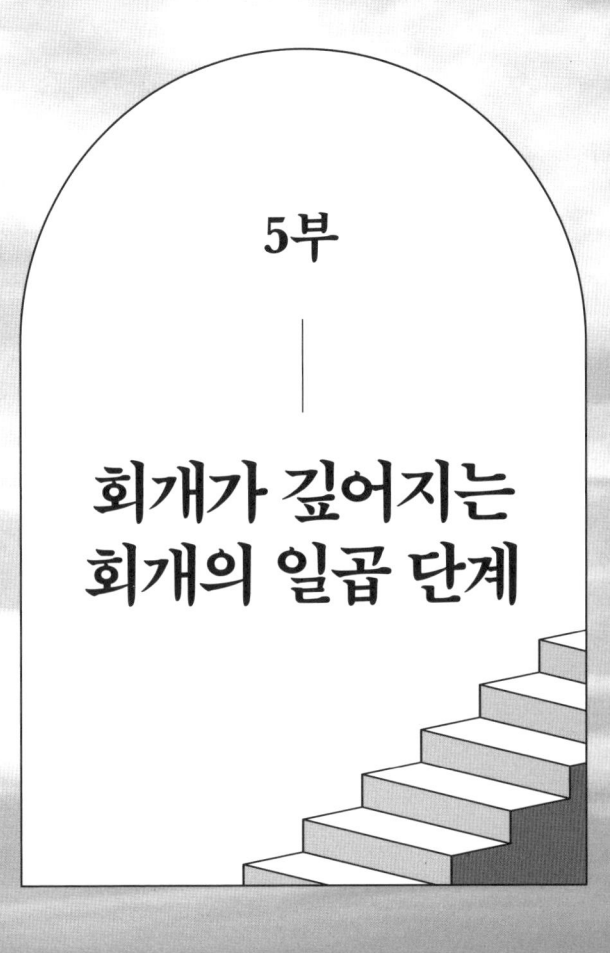

5부

회개가 깊어지는 회개의 일곱 단계

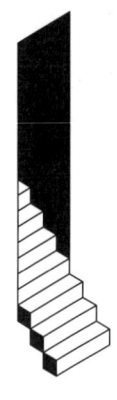

10
1-2단계:
행위의 회개 단계

필자는 서문에서 "회개는 전통적으로 구원을 얻게 하는 회개, 즉 구원받은 자가 되었다는 정체성의 변화다"라고 언급하였다.

회개는 내가 주인으로서 하는 회개와, 성령님의 임하심으로 인해 성령님의 이끄는 삶을 사는 상태에서의 회개로 크게 나눌 수 있다. 10장에서 말하는 1-2단계의 회개가 바로 내가 주인으로서 하는 회개다.

3단계의 회개부터는 내가 우리 몸의 주인이 아니라, 성령님이 주인이 되셔서 하나님 나라의 복음을 살면서 하는 회개다. 그래서 3단계에서 '회심'이라는 단어가 등장하는 것이다.

이후 4-7단계는 우리의 정체성이 하나님 나라를 사는 하나님의 자녀로 바뀌고, 성화를 이루어가는 회개이다. 그 단계에서도 다양한 변화와 특징이 나타나기에, 필자는 이 책을 통해 모두 일곱 단계의 회개를 말하는 것이다.

성령님의 은혜로 인도받은 회개의 일곱 단계

나는 비교적 하나님을 늦게 만났다. 그만큼 이전 삶의 습관과 죄의 영향력 속에서 오랜 시간을 보냈다. 회개 역시 짧은 시간 안에 온전히 이뤄질 수 없었다. 내가 회개를 시작했을 때, 처음부터 깊이 있는 자각이나 철저한 돌이킴이 있었던 것은 아니다. 처음에는 나의 삶이 조금이라도 나아지기를 바라는 자기중심적 동기에서 출발했다. 하지만 시간이 흐르면서, 성령께서 내 마음을 붙드시고 회개의 자리로 이끌어 주셨다. 그 인도하심 가운데 나의 회개는 점차 방향을 바꾸었고, 서서히 그 깊이도 더해졌다. 성령의 조명 아래 내 죄의 본질이 드러났고, 그때마다 새로운 돌이킴이 일어났다. 회개는 단번에 완성되는 것이 아니라, 하나님의 은혜 가운데 점진적으로 이루어지는 여정임을 깨닫게 되었다.

나는 회개의 여정을 통해, 회개가 일정한 단계로 나뉠 수 있음을 경험했다. 그것이 회개를 단순한 과정으로 환원한다는 의미는 물론 아니다. 단계란 인간이 이해하고 표현할 수 있는 하나의 틀에 불과하다. 회개의 단계가 깊어질수록 더 온전해진다는 식의 위계적 해석은 경계해야 한다. 하나님께서는 각 사람을 다르게 인도하신다. 사람에 따라 이 책에서 정리한 회개의 단계의 순서가 다를 수 있고, 더러는 단계를 뛰어넘을 수도 있으며, 몇 단계가 동시에 진행될 수도 있다. 중요한 것은 각 회개의 시점마다 성령께서 역사하신다는 사실이다.

회개는 성령의 인도하심에 따른 영적 성장을 이끈다. 단계별로 나뉠 수는 있지만, 단계가 깊어져야 회개가 온전히 이루어진다는 뜻은 아니다. 나의 경우, 회개의 열매는 단계별로 하나님께서 인도하시는 만큼 다르게 나타났다. 처음에는 단지 잘못된 행동을 고치는 수준이었다면, 나중에는 존재 자체에 대한 깊은 성찰과 방향의 전환으로 나아갔다. 이러한 변화는 나의 노력이나 열심 때문이 아니었다. 전적으로 성령의 주권적인 인도하심에서 비롯된 것이었다. 성령님의 은혜로, 나의 회개는 다음과 같은 일곱 가지 단계로 자연스럽게 변화되었다.

1단계: 상황을 벗어나기 위해서 하는 회개의 단계
2단계: 내가 행한 죄들을 주님 앞에 회개하는 단계
3단계: 회심의 회개 단계
4단계: 내가 행한 죄가 내가 행한 것이 아님을 깨닫고서 하는 회개
5단계: 삶의 매 순간에 회개하는 회개의 일상화 단계
6단계: 어둠의 일몰을 영적 센서로 인지하는 단계
7단계: 하나님께서 주시는 새로운 날과 평강을 누리는 단계

이 단계들은 나의 경험에 따른 것이다. 각 단계는 서로 유기적

으로 연결되어 단절되지 않고 이어졌다. 1단계와 2단계는 율법적인 행위의 회개 단계로서 하나의 단계로 묶을 수 있다. 3단계는 회심의 단계 그 자체로 중요하다. 나머지 4단계와 7단계까지는 영적으로 성장해가는 영성적 회개 단계로 하나로 묶을 수 있는 것이다. 이런 단계를 거치면서 회개의 깊이가 깊어졌다. 나의 회개의 단계가 깊어졌다고 해서 반드시 영적으로 더 성숙해지는 것은 물론 아니었다. 하나님께서는 각 단계마다 고유한 은혜를 부어주셨다. 그 은혜는 각기 다른 열매로 나타났고, 그 안에는 언제나 기쁨이 있었다. 심지어 내가 율법적인 회개의 상태에 있었을 때조차 하나님께서 은혜로 함께하셨다.

회개가 계속되던 어느 시점부터 변화가 일어났다. 성경의 말씀들이 새롭게 다가오기 시작했다. 말씀이 내 영혼 깊은 곳에 닿기 시작했다. 나는 회개의 깊이가 회개하는 사람의 영적 상태와 밀접하다는 사실을 알게 되었다. 회개의 주체가 어떤 존재의 상태에 있는지에 따라 회개의 본질이 달라진다는 것도 알게 되었다. 이런 차이를 이해하는 것은 매우 중요하다. 이해가 부족하면 회개 가운데 시행착오를 겪기 쉽기 때문이다. 이러한 내용은 이어지는 회개의 단계별 설명 속에서 구체적으로 다루고자 한다.

회개의 7단계는 크게 3단계로 나눌 수 있다. 1-2단계를 하나의 단계로, 3단계 회심을 하나의 단계로, 4-7단계를 또 하나의 단계로 나눌 수 있다. 그 이유는 다음과 같다.

회개의 1-2단계는 행위 회개의 단계이다. 옛사람의 그림자인 거짓 자아가 중심이 된 단계이다. '개인의 의'가 살아 있는 채로 '거짓 자아'인 내가 행하는 회개의 단계인 것이다.

회개의 3단계는 주님을 인격적으로 만나는 회심의 단계라 하나로 구분했다. 이 단계는 옛사람이 사라지고 새사람으로 거듭나는 때다.

회개의 4-7단계는 영성적인 회개의 단계이다. 성령님께 사로잡혀 거듭 태어난 새사람이 행하는 회개의 단계이다. 회개를 통해 영적 성장이 따르는 시기인 것이다.

◇◇◇ 회개의 1단계: 상황을 벗어나기 위해서 하는 회개의 단계

회개의 1단계는 주로 자신의 어려운 상황에서 벗어나기 위해 하는 것이다. 이 단계는 '회개의 입문 단계'라고 부를 수 있겠다. 본질적으로 참된 중생 이후의 회개는 아니다. 성령에 의해 새사람으로 변화되어 드리는 회개와도 다르다. 이 단계의 회개는 여전히 옛사람의 본성에 지배를 받는다. 회개의 중심에도 '하나님'이 아니라 '자기 자신'이 있다. 문제 해결을 목적으로 하나님께 나아가며, 일종의 거래처럼 회개가 이루어진다. 이것은 하나님과의 관계 회복을 목적으로 하는 회개가 아니다. 하나님 앞에서 자신의 죄성을 깊이 자각하고 돌이키는 회개도 아니다. 단지 자신의 상황이 나아지기를 바라는 이유로 회개하는 것이다.

이 단계의 회개는 대부분 누군가의 권면이나 환경의 압박에서 시작된다. 어려운 상황에 처한 사람이 "회개하면 형편이 나아질 것이다"라는 말을 듣고서 반응하는 경우다. 자기 내면에서 죄에 대한 깊은 인식이 생겨 회개하는 것이 아니다.

이러한 회개는 신앙생활 초기에 흔히 나타난다. 믿음이 아직 성숙하지 않은 이들에게서 자주 발견된다. 하지만 신앙의 연륜과 무관할 수도 있다. 교회를 오래 다닌 사람 중에도 이 회개의 단계에 머무는 경우도 있다. 겉으로는 신앙생활을 오래한 것처럼 보이지만, 실제로는 여전히 '자기 의'에 기반한 회개를 반복하는 것이다. 율법적인 경건과 자기만족에 머무르며, 하나님보다 자기 문제 해결에 더 큰 관심을 둔다.

결국 이 단계의 회개는 하나님의 뜻을 구하기보다 자신의 이익을 추구하는 수단이 되기가 쉽다. 그렇다고 해서 이 회개가 무의미한 것은 아니다. 비록 깊이 있는 회개는 아닐지라도 회개의 여정에서 출발점이 될 수 있기 때문이다. 하나님은 우리의 낮은 동기조차 사용하셔서 더 깊은 깨달음으로 이끄신다. 따라서 이 단계는 진정한 회개로 나아가기 위한 중요한 관문이라고 할 수 있다.

1단계의 회개 유형을 좀더 구체적으로 보면 다음의 세 가지로 나눌 수 있다. 두려움을 모면하기 위한 회개, 개인의 이익만을 위한 회개, 다른 사람에게 보여주기 위한 회개 등이다.

① 두려움을 모면하기 위한 회개

베냐민 지파 기스의 아들 사울은 외모가 준수하고 키가 큰 사람이었다. 사울은 집안에서 잃어버린 당나귀를 찾으러 나갔다가 사무엘을 만나게 된다. 그런데 사무엘은 사울이 오기 전날, 하나님으로부터 사울을 이스라엘의 지도자로 세우시겠다는 말씀을 들었다. 이에 사무엘은 자신을 찾아온 사울의 머리에 기름을 부어 지도자로 세웠다. 그 후 선지자를 만난 사울에게 하나님의 영이 임하였다. 그렇게 해서 과거와 다른 위치에 오른 사울이었지만, 하나님께서 실망하시는 행위를 하기도 했다.

사울은 이스라엘을 치러온 암몬 사람들과의 전투에서 하나님의 인도를 받으면서 대승을 거두었다. 그리고 사무엘의 추대로 왕의 자리에 올랐다. 얼마 뒤 블레셋이 이스라엘로 쳐들어왔다. 사울은 군대를 이끌고 전쟁터에 나갔으나, 블레셋 군대의 위용에 놀란 이스라엘 군대는 숨거나 도망치기에 바빴다. 사울은 사무엘을 만나려고 7일을 기다렸다. 그러나 그때까지 사무엘이 오지 않았다. 그래서 사울이 직접 번제를 드렸다. 그런데 번제를 마친 후에 사무엘이 왔다. 사무엘이 지금 무엇을 했느냐며 사울에게 물었다. 사울은 변명하였다.

[11] 백성은 내게서 흩어지고 당신은 정한 날 안에 오지 아니하고 블레셋 사람은 믹마스에 모였음을 내가 보았으므로 [12] 이에 내가 이르기를 블레셋 사람들이 나를 치러 길갈로 내려오겠거늘 내가 여호와께

은혜를 간구하지 못하였다 하고 부득이하여 번제를 드렸나이다 하니라 _삼상 13:11-12

당시에 제사는 제사장만 드릴 수 있는 일이었다. 왕이 할 일이 아니었다. 사울은 하나님께 큰 죄를 저지른 것이었다. 그 후 아말렉 사람이 이스라엘을 침공하여 큰 피해를 입혔다. 하나님은 사무엘을 통해 사울에게 명령하셨다. "너는 당장에 가서 아말렉을 치고, 그 재산을 사정 보지 말고 모조리 없애라. 남자와 여자, 아이와 젖먹이, 소떼와 양떼, 낙타와 나귀 할 것 없이 모조리 죽여야 한다"(삼상 15:3).

그러나 사울은 또 불순종했다. 좋은 것은 남겨둔 것이다. 사울은 이런 식으로 하나님의 명령을 여러 번 어겼다. 이에 대하여 사무엘이 사울을 엄중히 문책했다. 사울은 하나님에게 제사 드리려고 양과 소를 끌고 왔다며 변명하듯 회개했다. 그러나 이때의 사울의 회개는 진정한 뉘우침이라기보다 왕위와 권력을 잃을까 싶어 두려운 마음에서 한 것이었다.

[24] 사울이 사무엘에게 이르되 내가 범죄하였나이다 내가 여호와의 명령과 당신의 말씀을 어긴 것은 내가 백성을 두려워하여 그들의 말을 청종하였음이니이다 [25] 청하오니 지금 내 죄를 사하고 나와 함께 돌아가서 나로 하여금 여호와께 경배하게 하소서 하니 _삼상 15:24-25

② 개인의 이익만을 위한 회개

필자는 IMF 경제 위기라는 혹독한 시기를 극복한 경험이 있다. 그 위기 이후, 많은 시간과 노력을 들인 끝에 사업이 점차 자리를 잡아갔다. 고정 고객층도 생기면서 안정을 찾는 듯했다. 그러나 몇 해가 지나자 상황이 예기치 않게 바뀌었다. 어느 날부터 매출이 급격히 감소하기 시작한 것이다. 처음에는 일시적인 현상일 것이라고 여겼다. 하지만 회복은 더뎠고, 다양한 시도에도 불구하고 상황은 나아지지 않았다. 사업은 점점 위태로워졌다. 육체적 피로와 정신적 소진이 깊어질 무렵, 한 지인이 찾아왔다. 내 상황을 들은 그는 조심스레 이런 말을 꺼냈다.

"하나님께서는 때때로 사람을 부르실 때, 고난을 통해 부르시기도 합니다. 교회에 나가보시는 게 어떨까요?" 그는 웃으며 덧붙였다. "박 사장이 혹시 죄를 많이 지어서 그런 건 아닐까요?"

처음엔 그 말이 불쾌했다. 그러나 절박한 상황 속에 있던 나는 마지막 희망을 붙잡는 심정으로 교회 출석을 결심했다. 나의 당시 관심은 하나님 자체보다 내 삶의 문제 해결에 있었다. 성령의 인도하심이나 말씀의 의미를 이해할 준비는 전혀 되어 있지 않았다. 목회자의 설교도 낯설었고, 은혜라는 말조차 먼 나라의 이야기처럼 느껴졌다. 그럼에도 불구하고, 지인의 직설이 내 마음속에 계속 맴돌았다. "박 사장이 혹시 죄를 많이 지어서 그런 건 아닐까요?"

시간이 지나면서, 나의 과거를 되돌아보게 되었다. 부끄러운 기억들이 하나둘 떠올랐다. 그중에는 언급하기 민망한 일도 있다. 그러니 믿음이 없던 그 시절의 나에게 회개는 결코 쉬운 일이 아니었다. 그래도 회개는 해야 할 것 같았다. 어떤 회개를 했는지는 정확히 기억나지 않는다. 아마도 그저 "잘못했습니다. 용서해 주세요" 정도의 말이 전부였을 것이다. 그것은 회개라기보다 하나님과 일종의 거래를 시도한 것이었다. "죄를 지었으니 용서해 주십시오. 헌금도 드렸으니 사업이 잘되게 해주십시오." 하나님 앞에서 진실한 돌이킴이라기보다 조건부 요청에 가까웠다.

성경은 우리에게 이렇게 말씀하신다.

> 하나님께서 구하시는 제사는 상한 심령이라 하나님이여 상하고 통회하는 마음을 주께서 멸시하지 아니하시리이다 _시편 51:17

당시의 나에게는 그와 같은 마음이 없었다. 죄를 미워하거나 버리려는 의지보다, 그저 고통스러운 현실에서 벗어나고자 하는 생각이 우선이었다. 나 중심의 얕은 회개였고, 진정한 자기 부인은 찾을 수 없었다.

예수님께서는 "심령이 가난한 자는 복이 있나니 천국이 그들의 것임이요"(마 5:3)라고 말씀하셨다. 그러나 그때의 나는 여전히 자기중심적이었고, 자신의 유익을 구하는 데 머물러 있었다. 그럼에도 불구하고 하나님께서는 그 회개의 형식과 동기조차 사용하셔서 나를 인도하셨다. 그 부끄러운 첫걸음이 이후의 깊은 회개와 성령의 은혜로 이어지는 출발점이 되었다. "혹 네가 하나님의 인자하심이 너를 인도하여 회개하게 하심을 알지 못하여 그의 인자하심과 용납하심과 길이 참으심이 풍성함을 멸시하느냐"(롬 2:4)라고 한 바울의 고백처럼, 주님의 말씀은 나의 삶에도 그대로 적용되었다.

③ 다른 사람에게 보여주기 위한 회개

현대 사회는 디지털 기술과 소셜 미디어의 발달로 인해 개인의 일상이 쉽게 드러나고 평가받는 환경에 놓여 있다. 이러한 문화는 신앙생활에도 영향을 미친다. 심지어 회개조차 외식적인 방식으로 표현되는 경우가 많아졌다.

오늘날 많은 이들이 신앙적 경험을 SNS에 게시한다. 일부 기독교인은 SNS를 통해 자신의 잘못을 인정하는 글이나 영상을 올린다. 심지어 남녀 간의 문제를 공개적으로 사과하는 경우도 있다. 그중에는 진정한 회개와 감동적인 신앙고백도 있다. 그러나 그중 일부는 사람들에게 보이기 위한 '회개의 콘텐츠'에 지나지 않는다. 그저 더 많은 관심과 팔로워를 얻으려는 전략처럼 보이기도 한다.

회개의 고백은 원래 죄에 대한 책임의 표현이자 변화된 삶을 결단하는 것이어야 한다. 하지만 그 의도가 이미지 개선이나 동정의 여론을 구하려는 것일 때는 진정한 회개라고 보기 어렵다. 실제로 그런 고백 이후에도 삶의 실제적인 변화는 없는 경우가 많다. 이것은 하나님보다 사람의 시선을 더 의식하는 '외식적 회개'의 전형이다.

예수님께서는 외식적인 신앙을 강하게 책망하셨다.

> 화 있을진저 외식하는 서기관들과 바리새인들이여 잔과 대접의 겉은 깨끗이 하되 그 안에는 탐욕과 방탕으로 가득하게 하는도다
> _마 23:25

진정한 회개는 겉이 아닌 속을 깨끗하게 하는 데 초점이 맞춰져야 한다.

교회 안에서도 외식적 회개가 종종 나타난다. 성령집회나 특별한 예배 중에 회개하며 우는 사람들은 의도했든 의도하지 않았든 그 모습을 보는 다른 이들에게 감동을 준다. 그러나 그중 일부의 반응은 죄에 대한 자각보다 분위기에 휩쓸린 것일 수 있다. 감정적 반응이 회개의 진정성을 보장하지는 않는다. 그것이 외식적인 것은 아니지만, 남에게 보인 것으로만 끝난다면 그 개인에게 남는 결과는 크게 다를 것이 없다. 외식적 회개의 가장 큰 문제는 내면의 변화 없이 그 죄를 다시 반복하는 잘못이다. 이로 인해 회개의 열매가 맺히지 않고, 영적 성장은 정체된다. 뿐만 아니라, 공동체에도 왜곡된 메시지를 전달하게 된다.

회개는 하나님과의 관계 회복을 위한 것이지, 사람들의 인정이나 감탄을 얻기 위한 것이 아니다. 어거스틴은 이렇게 참된 회

개를 말했다. "눈물이 아닌 삶의 변화가 진짜 회개의 증거다." 회개는 단지 '느끼는 것'이 아니다. 그에 따라 '돌이키는 것'이다.
 예수님께서는 우리의 기도가 외식적이지 않게 되도록 이렇게 말씀하셨다.

> 너는 기도할 때에 네 골방에 들어가 문을 닫고 은밀한 중에 계신 네 아버지께 기도하라 은밀한 중에 보시는 네 아버지께서 갚으시리라
> _마 6:6

 회개도 이와 같다. 사람들 앞에서의 표현보다 은밀한 자리에서 하나님 앞에 고백하는 것이 먼저다.
 우리는 누군가에게 끊임없이 보이는 시대를 살고 있다. 그러나 회개는 오직 하나님의 시선을 의식하는 자리에서 진실하게 이루어져야 한다. 그럴 때만 내면의 변화를 이루고, 하나님과의 관계 회복으로 나아갈 수 있다.

◇◇◇ 회개의 2단계: 내가 행한 죄들을 주님 앞에 회개하는 단계

비록 개인에게 곤란한 상황을 벗어나기 위해 시작되고 심지어 외식적일 수도 있는 1단계의 회개라 할지라도, 그것이 지속되면 점차 영적 변화가 일어난다. 그 변화 중에서 가장 두드러지는 것은 죄에 대한 자각과 고백이다.

우리는 처음엔 자신이 처한 문제나 어려움에 초점을 맞추어 회개한다. 이때의 회개는 보통 자신이 받아들일 수 있는 선에서 스스로를 합리화하며 하는 것이다. 회개의 중심에 자기의 상황과 감정이 있는 것이다. 그러나 시간이 지나면서 회개의 초점은 점차 행위 자체, 곧 죄 그 자체로 옮겨가게 된다. 그 결과 "나는 왜 그런 행동을 했는가?"라는 질문보다 "그 행위가 하나님 앞에서 얼마나 잘못되었는가!"라는 인식으로 깊어진다. 이것이 2단계의 회개다. 이때의 회개는 단순한 자기반성이 아니다. 죄의 본질을 바라보는 고백으로 발전하는 것이다. 이러한 회개로의 전환은 결국 이 중요한 고백으로 이어진다. "내가 죄인입니다."

이 단계의 회개는 그 사람의 내면에서 죄에 대한 통회가 시작되었음을 의미한다. 그러나 이 단계에서도 여전히 그 중심에는 내가 있을 수 있다. 자기 자신이 회개의 주체로서, 여전히 삶의 주인의 자리에 남아 있는 상태에서 하는 회개이기 때문이다. 죄를 고백하며 후회하긴 하지만, 그 회개의 방향은 여전히 율법적 사고 안에 머물러 있는 경우다. 이런 회개는 구약 시대의 제사를 통한 회개와 구조가 유사하다.

이 단계의 회개는 진정한 회개의 과정에 들어서긴 했지만, 아직 '중심의 전환'은 이뤄지지 않은 상태라고 할 수 있다. 삶의 주인이 여전히 '나'인 상태다. 그렇다고 이 회개의 단계를 부정적으로만 평가할 필요는 없다. 이 또한 하나님께서 사용하시는 성장의 과정이다.

회개하는 사람이 자신의 죄를 구체적으로 자각하고, 하나님 앞에 하나하나 고백해나가는 것은 매우 귀한 일이다. 필자 역시 오랜 세월을 죄 가운데 살아왔기에, 이 단계에서 성령께서 기억나게 하신 죄들을 열심히 회개하는 시간을 가졌다. 이 단계의 회개가 비록 율법적이고 형태도 자기중심적이라 할지라도, 하나님께서는 그 가운데서도 나의 영적 성장을 이끌어가셨다. 이것은 일종의 '회개의 시행착오'라고 할 수 있겠다. 이런 시행착오를 통해서라도 인간은 점차 죄의 뿌리와 자기중심성을 인식하게 된다. 하나님의 주권과 은혜의 깊이를 체험하게 된다.

어거스틴은 《고백록》에서 회개를 이렇게 표현했다. "나를 비추시는 주님의 빛 앞에서, 나는 비로소 내가 누구인지 보게 되었다." 이 말은 회개가 단순히 죄만 인정하는 것이 아니라 하나님 앞에서 자기를 새롭게 발견하는 과정임을 말해준다. 그러므로 회개의 초기 단계인 2단계의 회개가 완전하지 않더라도, 그 안에서 하나님께서 일하신다는 사실을 기억하는 것이 중요하다. 진실한 회개는 언제나 하나님 중심의 방향으로 회복을 이끈다. 그 출발이 아무리 인간 중심적이라 할지라도, 성령께서 인도하시면 회개는 반드시 깊어지고 삶의 실질적인 변화로 이어지게 된다. 2단계의 회개의 특징은 죄에 대해 인식하게 되는 것이다. 특히 지난 일에 대한 자신의 잘못을 인식하게 된다. 그래서 자신이 죄인임을 고백하게 된다.

① 죄에 대해 인식하고 깨닫는 시간을 가지게 된다

회개의 과정에서 나타나는 중요한 전환점 가운데 하나는 막연한 회개에서 구체적으로 죄를 인식하는 회개로 변화하는 것이다. 이것이 2단계 회개의 특징이다.

1단계의 회개는 단지 어려운 상황을 벗어나기 위한 목적으로 시작한 것이다. 그러나 그 회개가 지속되면 어느 순간부터 자신의 행위와 죄의 본질에 대한 자각이 일어나게 된다. 이런 변화는 성경 말씀을 새롭게 조명하게 만든다. 예컨대 단순히 지식으로만 알고 있던 성경이 내 죄를 드러내는 말씀으로 다가오게 된다. "모든 사람이 죄를 범하였으매 하나님의 영광에 이르지 못하더니"(롬 3:23)라는 말씀이 모든 인간의 보편적 상태가 아니라, 나 자신의 영적 상태라는 통찰로 이어지는 것이다.

2단계의 회개는 이제 단순히 죄에 대한 회피나 도덕적 후회나 감정적 반응만이 아니다. 죄의 실체와 그에 대한 자기 인식을 통해 하나님 앞에서 정직한 고백이 시작된 것이다. '내가 죄인이구나'라는 깨달음이 마음 깊은 곳에서 우러나게 되는 것이다. 이것은 하나님과의 관계 회복을 향한 첫걸음이 된다. 성경에 나타나는 이런 회개의 대표적인 사례가 요나의 이야기다.

하나님은 요나에게 니느웨의 죄를 경고하라고 명령하셨다. 하지만 요나는 하나님의 뜻을 거역하고 다시스로 도망쳤다. 니느웨 사람들이 하나님의 용서를 받는 것이 자기의 민족적 자부심을 무너뜨릴 수 있다고 여겼기 때문이다. 그러나 하나님은 폭풍과 큰 물고기가 그를 삼키는 사건을 통해 요나를 다루셨다. 요나는 물고기 뱃속에서 자신의 불순종을 자각하며 하나님께 회개의 기도를 드린다.

> 이르되 내가 받는 고난으로 말미암아 여호와께 불러 아뢰었더니 주께서 내게 대답하셨고 내가 스올의 뱃속에서 부르짖었더니 주께서 내 음성을 들으셨나이다 _욘 2:2

"나는 감사하는 목소리로 주께 제사를 드리며 나의 서원을 주께 갚겠나이다 구원은 여호와께 속하였나이다"(욘 2:9)라는 요나의 고백은 단순한 감정적 반성이 아니었다. 하나님의 주권을 다시 인정하는 신앙의 전환점이었다. 이후 요나는 하나님의 명령에 순종하여 니느웨로 가서, 그들에게 회개할 것을 선포한다. 니느웨 사람들은 그 말씀을 듣고 하나님을 믿으며 회개하였고, 하나님은 그들을 용서하셨다. 이 사건은 회개를 통한 하나님의 자비와 은혜의 역사를 극적으로 보여준다.

회개가 하나님의 말씀을 통해 자신의 죄를 인식하고, 하나님의 거룩하심 앞에서 자신을 다시 '정위치'하는 영적 사건인 것을 요나의 이야기에서 알 수 있다. 이 단계에서 경험하게 되는 회개는 죄를 인정하는 데서 멈추지 않는다. 그 죄가 하나님과의 관계를 어떻게 단절시켰는지를 깨닫고, 그로부터 돌아서는 의지를 포함한다. 죄에 대한 깨달음은 곧 성화의 시작이기도 하다.

> 하나님이 세상을 이처럼 사랑하사 독생자를 주셨으니 이는 그를 믿는 자마다 멸망하지 않고 영생을 얻게 하려 하심이라 _요 3:16

이 말씀은 죄에서 돌이킨 자에게 하나님께서 열어주시는 은혜와 생명의 길을 분명하게 보여준다. 회개는 우리를 하나님 앞으로 인도하는 은혜의 도구이다. 그 출발은 비록 막연했을지라도, 지속적인 회개는 결국 죄의 본질을 직면하게 하며, 하나님 앞에서 겸손과 믿음의 삶으로 나아가게 만든다.

② 지난 일에 대한 자기의 잘못을 구체적으로 깨닫게 한다

우리는 회개의 과정에서 과거의 삶을 새롭게 바라보게 된다. 자신이 저지른 죄가 실수가 아니라 하나님 앞에서의 불의로 인식하게 되는 것이다. 그동안 정당화하거나 외면해 왔던 행동들이 회개의 시간 속에서 하나씩 떠오른다. 마침내 그 행동들이 타인에게 어떤 상처와 피해를 주었는지를 깊이 돌아보게 된다. 이것은 후회가 아니다. 새로운 시각과 인식의 출발이다.

나에게도 그런 시간이 있었다. 나는 사업을 하면서 세 번의 부도를 경험했다. 그 중 첫 번째 부도는 여러 면에서 내 인생에 깊은 흔적을 남겼다. 당시에는 자금의 압박이 심했다. 어떤 형태로든 도움을 구해야 했다. 그러나 담보 여력이 없던 나로서는 백약이 무효했다. 그때 우연히 알게 된 사람이 내게 큰 금액을 빌려주었다. 그의 도움으로 큰 고비를 몇 번이나 넘길 수 있었다. 나는 그에게 손해를 끼치지 않기 위해 최선을 다했다. 하지만 주거래처의 부도는 나를 순식간에 벼랑 끝으로 몰았다. 버텨보려 했지만, 결과적으로 더 큰 손실과 더 큰 금액의 부도로 이어졌다.

그 와중에도 나는 최선을 다했다. 나에게 도움을 주었던 분에게 피해가 가지 않도록 끝까지 노력했다. 이자가 밀리지 않도록 최선을 다했고, 가능한 모든 수단을 다해서 약속을 지키려 했다. 그러나 결국 이자를 지급하지 못하는 상황이 되고 말았다. 결국 그 분은 내 상황을 충분히 알고 있었음에도 새벽마다 전화를 걸어 거친 말을 쏟아냈다. "나는 젊은 사람을 도와주는 사람이다"라는 말도 했다. 그의 말을 생각할수록 내 마음은 원망으로 가득 찼다. '이게 정말 나를 돕는 것이었나?'라는 생각이 들었다. '차라리 처음부터 만나지 않았더라면 어땠을까?' 하는 후회와 분노도 올라왔다. 그 감정은 시간이 갈수록 더 깊어졌다. 그를 정죄하는 마음만 남았다. 결국 그 분은 냉정하게 돌아섰다. 당좌수표를 은행에 넣어버렸고, 나는 구속되었다.

구속으로 내몰린 현실보다 더 고통스러웠던 건 무너지는 마음이었다. 나는 그 일에 대하여 깊이있게 회개했다. 회개는 지난날의 내 마음을 바꾸기 시작했다. 처음에는 나의 억울함만 보였지만, 하나님 앞에 나아가는 시간이 길어질수록 내 시선은 점차 바뀌었다. 부도는 그저 나의 실패가 아니었다. 누군가에게 심각한 손해와 고통을 안겨준 일이었다. 그런데도 나는 오직 내 입장에서만 생각하고 있었다. 다른 사람이 얼마나 큰 손실과 마음의 상처를 입었을지는 상상하지 못했다. 나의 잘못된 선택이 누군가의 삶을 뒤흔들 수 있음을 그제야 깨닫게 되었다.

회개는 이처럼 인간적인 시선이 아니라 하나님의 시선으로 자신을 되돌아보게 한다. 또한 자신이 하나님과 얼마나 멀어진 상태에 있었는지를 인식하게 한다. 그 관계의 왜곡이 삶 전반에 어떤 영향을 미쳤는지를 통찰하게 한다. 그 깨달음은 슬픔이나 자책에 머물지 않는다. 오히려 하나님을 향한 갈망으로 나아가게 한다.

> ⁶너희는 여호와를 만날 만한 때에 찾으라 가까이 계실 때에 그를 부르라 ⁷악인은 그의 길을 불의한 자는 그의 생각을 버리고 여호와께로 돌아오라 그리하면 그가 긍휼히 여기시리라 우리 하나님께로 돌아오라 그가 너그럽게 용서하시리라 _사 55:6-7

나의 과거는 하나님을 모르는 시간이었다. 그 시간 안에서의 감정과 판단은 철저히 인간적인 것이었다. 원망과 분노도 죄의 열매라는 것을 알 수 없었다. 그런데 회개의 시간은 나를 하나님께로 이끌었다. 하나님의 시선으로 과거를 돌아보게 되었고, 내가 얼마나 죄 가운데 살아왔는지를 지각하게 되었다. 내가 느꼈던 괴로움조차 죄의 결과였음을 알게 되었고, 그것이 다른 사람에게도 고통이었음을 비로소 알 수 있었다.

> ³⁶너희 아버지의 자비로우심같이 너희도 자비로운 자가 되라 ³⁷비판하지 말라 그리하면 너희가 비판을 받지 않을 것이요 정죄하지 말라 그리하면 너희가 정죄를 받지 않을 것이요 용서하라 그리하면 너희가 용서를 받을 것이요 _눅 6:36-37

회개는 나를 고통의 기억 속에 가두는 것이 아니다. 그 기억을 하나님의 은혜로 해석하게 해준다. 그 은혜는 내 삶에 새로운 방향을 제시해 준다. 지나간 시간을 되돌아보는 것은 고통스럽지만, 하나님 앞에서의 회개는 그 시간을 정화시키는 거룩한 여정이 된다.

> 만일 우리가 우리 죄를 자백하면 그는 미쁘시고 의로우사 우리 죄를 사하시며 우리를 모든 불의에서 깨끗하게 하실 것이요 _요일 1:9

회개는 결국 나를 새롭게 깨우는 하나님의 손길이었다. 죄에서 벗어나 은혜로 나아가게 하는 믿음의 시작이었다.

③ 자신이 죄인임을 고백하게 된다

회개의 여정에서 가장 중요한 전환점은 자신이 하나님 앞에서 죄인임을 인정하는 것이다. 자기의 삶이 의도했든 아니든 죄의 지배 아래 살아왔음을 인식한다. 마음속 깊은 곳에 자리잡고 있는 탐욕, 시기, 정욕, 교만, 악독 같은 것들이 단지 습관이나 성격이 아니라 죄의 영향 때문이라는 사실을 직면한다. 그래서 회개는 억지로 만들어내는 고백이 아니다. 내면 깊은 곳에서 자연스럽게 흘러나오는 깨달음이다. 예수님은 이렇게 말씀하셨다.

> [21] 속에서 곧 사람의 마음에서 나오는 것은 악한 생각 곧 음란과 도둑질과 살인과 [22] 간음과 탐욕과 악독과 속임과 음탕과 질투와 비방과 교만과 우매함이니 [23] 이 모든 악한 것이 다 속에서 나와서 사람을 더럽게 하느니라 _막 7:21-23

우리는 말씀을 통해 알게 된다. 죄가 단지 외적인 행위가 아니라 인간 내면에서 흘러나오는 본질적인 타락의 실체라는 것을. 처음엔 죄의 이런 실상을 부인하고 싶을 수도 있다. 하지만 우리가 하나님의 말씀 앞에서 정직해질 때 마음 안의 오염을 인정하지 않을 수 없다. 그리고 그 죄를 이겨내고 싶다는 갈망이 생겨난다. 그러나 여전히 자신의 힘으로 그 죄를 극복할 수 없다는 사실은 알기 어렵다. 아직 죄가 인식되지 않은 상태일 수도 있다. 그럼에도 불구하고 '내가 죄인이구나'라는 고백은 회개의 시작점이 된다.

성경은 다윗의 회개를 통해 이러한 과정을 명확히 보여준다. 다윗은 이스라엘과 유다의 병력을 파악하기 위해 인구조사를 명령했다. 그러나 그것은 하나님을 의지하기보다 자신의 권력을 의지하려는 결정이었다. 충직한 부하는 그에게 이 행동이 옳지 않다고 충고했지만, 다윗은 고집을 꺾지 않았다. 인구조사가 끝난 후, 다윗은 자신의 교만과 불순종을 깨달았다. 그제야 그는 하나님께 회개하며 다음과 같이 고백했다.

> 다윗이 백성을 조사한 후에 그의 마음에 자책하고 다윗이 여호와께 아뢰되 내가 이 일을 행함으로 큰 죄를 범하였나이다 여호와여 이제 간구하옵나니 종의 죄를 사하여 주옵소서 내가 심히 미련하게 행하였나이다 하니라 _삼하 24:10

다윗은 자신의 행동이 단지 행정적 실수가 아니라 하나님의 주권을 무시한 교만한 행위였음을 인정했다. 이처럼 진정한 회개는 죄를 바라보는 관점의 전환에서 시작된다. 자신의 결정, 생각, 감정 속에 죄가 얼마나 깊이 스며 있었는지를 하나님의 시선으로 직면하게 되는 것이다.

자신이 죄인임을 인식하는 것은 성화의 여정에서 매우 중요한 첫걸음이다. 죄는 하나님과 우리 사이를 가로막는 장벽이 된다.

> 오직 너희 죄악이 너희와 너희 하나님 사이를 갈라 놓았고 너희 죄
> 가 그의 얼굴을 가리어서 너희에게서 듣지 않으시게 함이니라
> _사 59:2

이 깨달음은 도덕적 죄책감을 넘어 하나님과의 관계 회복에 대한 갈망을 불러일으킨다. 죄의 실체를 알게 되면, 동시에 우리는 그 죄에서 벗어나기 어렵다는 것도 절감하게 된다. 바로 그 지점에서 하나님의 은혜와 구원이 절대적으로 필요하다는 자각이 생겨난다.

> [8]너희는 그 은혜에 의하여 믿음으로 말미암아 구원을 받았으니 이것
> 은 너희에게서 난 것이 아니요 하나님의 선물이라 [9]행위에서 난 것
> 이 아니니 이는 누구든지 자랑하지 못하게 함이라 _엡 2:8-9

회개가 영적 회복을 위한 문이라는 것을 잊지 말자. 자신이 죄인임을 자각하는 순간, 하나님의 은혜 앞에 설 준비가 되는 것이다. 그 깨달음은 고통스러울 수 있다. 그러나 그것이 곧 은혜를 향한 지름길이며, 새로운 삶의 시작이 된다.

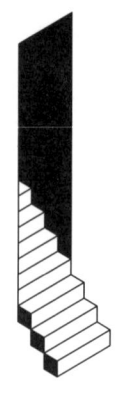

11
3단계:
회심의 회개 단계

◇◇◇ **회개의 3단계: 회심의 회개 단계**

살다 보면 우리 인생에 큰 변화를 불러오는 '전환점' 같은 순간이 찾아오곤 한다. 그런 순간은 나이나 환경과 상관없이 누구에게나 예상할 수 없다. 그런 일이 일어나면 우리가 이전에 가지고 있던 가치관이나 판단 기준은 자연스럽게 변하게 된다. 스스로 바꾸려고 노력해서가 아니라, 상황이 우리를 변화시키는 것이다.

가령, 사랑하는 가족이나 가까운 사람을 전혀 예상치 못한 사건으로 잃었다고 상상해 보자. 그 슬픔과 충격은 이루 말할 수 없이 클 것이다. 갑작스러운 이별은 삶의 의미를 잃게 만들고, 극단적인 생각이 들 만큼 힘든 시간을 주기도 한다. 그러나 그런

아픔이 개인에게만 일어난 일이면 주변의 몇몇 사람들에게만 영향을 끼친다. 하지만 매우 큰 사건이 발생하면 상황은 달라진다. 짧은 시간 안에 많은 사람의 마음에 깊은 변화를 일으킬 수 있다. 이처럼 인생의 전환점은 때로 고통스럽지만, 모두에게 큰 영향을 미칠 힘을 가지고 있다.

'코로나 팬데믹'은 우리 사회 전반에 걸쳐 큰 변화를 일으켰다. 비대면 생활이 일상이 되면서 온라인 쇼핑과 배달 서비스가 활발해졌다. 비대면 교육과 재택근무도 일반화되었다. 일하는 방식도 공공기관이나 기업에서 화상회의와 재택근무 시스템을 도입하면서 크게 달라졌다. 이런 흐름 덕분에 전자상거래, 핀테크, AI, 빅데이터 같은 디지털 기술이 빠르게 확산되었다.

코로나 팬데믹이 공포심으로 나라를 흔들었다면, 세월호 사건은 모든 사람의 마음에 깊은 슬픔을 심었다. 세월호 사건은 많은 학생이 수학여행을 떠나던 중 유람선이 전복되어 목숨을 잃은 일이다. 그 사건은 사회도 변화시켰다. 한동안 우리나라 전역에서 유흥업소들의 영업이 되지 않았다. 중고등학교에서는 수학여행이 거의 사라졌다. 설악산이나 경주처럼 수학여행으로 인기가 많던 지역들은 큰 타격을 입었다. 세월호 사건은 그만큼 모두에게 아픔을 남겼다. 일상 가운데 변화를 일으켰다.

슬픈 일뿐 아니라 기쁜 일도 마찬가지 상황을 일으킨다. 2002년 월드컵을 떠올려보자. 그때는 대한민국 모든 국민이 '단군 이래 가장 큰 기쁨'이라고 표현할 만큼 커다란 환희 속에 있었다.

축구에 대해 잘 모르는 사람들도 남녀노소 할 것 없이 함께 기쁨을 나누었다. 사람들은 밤새도록 환호하고 춤추고 노래를 부르기도 했다. 월드컵의 승리가 가져다준 기쁨과 환희는 모든 이가 똑같이 느꼈던 감정이었다.

이런 현상은 왜 일어날까? 어떤 사건이 일어났을 때 사람들이 공통적으로 느끼는 감정이 있기 때문이다. 그런 감정은 사람들 마음 깊은 곳에서 올라오는 것이고, 같은 감정을 모두가 함께 느끼는 것이다. 어떤 사건이 사람들의 마음에 공통의 반응을 일으키기 때문에 그런 현상이 나타나는 것이다.

신앙에서 일어나는 사건도 앞에서 이야기한 사건들과 비슷하다고 볼 수 있다. 성격은 다를지 몰라도, 영향력은 결코 적지 않기 때문이다.

앞에서 언급했던 평양 대부흥 사건을 다시 떠올려보자. 1903년에 있었던 원산부흥운동이 작은 불씨가 되어 1907년 평양에서 큰 불길로 번지게 되었다. 장대현교회의 부흥회에서 시작된 이 부흥은 대한민국 교계를 완전히 뒤바꾸는 계기가 되었다. 부흥의 물결은 주변 교회는 물론 평안도 전체로 퍼져나갔고, 대한민국 전역의 교회들로 빠르게 확산되었다. 그 변화는 놀랍게도 단 3년 만에 이루어졌다. 정말로 큰 은혜였다. 이런 일이 가능했던 건 성령님의 강력한 역사 덕분이다. 성령님의 은혜가 회개와 회심을 통해 당시의 모든 기독교인에게 동일하게 임하였다. 회심에는 이렇게 놀라운 힘이 있다.

회심은 회개와 구별될 수 있지만, 넓은 의미에서는 회개의 한 부분이다. 그런데 그 영적인 힘은 다르다. 회심이 가져오는 영적인 힘은 우리의 믿음을 완전히 새롭게 바꿔 놓는 능력이다. 왜냐하면 '나의 믿음'에서 '하나님의 믿음'으로 변화되기 때문이다. 즉, 내가 주인이었던 삶에서 하나님이 주인인 삶으로 바뀌는 것이다. 회심은 우리가 생각하고 느끼는 것보다 더 깊은 의미를 지니고 있다. 회심이란 무엇이며, 회심에는 어떤 특징이 있는지 정리해 보자.

① 회심은 회개의 토대가 된다

회심(回心: conversion)은 미국의 부흥운동인 대각성운동 이후 사용된 단어다. 회심이란 말이 복음주의권에서 처음 사용된 셈이다. 대각성운동 이전에는 회개라는 단어만 사용되었다. 회심이란 말을 처음 사용한 인물은 조나단 에드워즈다. 그는 불신자들이 성경에 근거해서 삶이 극적으로 변화되는 전환점을 회심이라고 말했으며, 회심이란 한 인간이 경험할 수 있는 가장 본질적인 변화로서 성령님에 의해서만 가능하다고 강조했다. 그러면 회심과 회개의 차이는 무엇일까?

회개(悔改)는 표준국어대사전에서 "기독교 신앙생활로 들어가는 데 필요한 요건의 하나로서, 살아온 삶이 잘못되었음을 자각하여 죄인임을 반성하고, 그로부터 벗어나려는 뜻을 세워 새로운 생활로 들어가는 일을 이른다"라고 정의돼 있다. 회심(回心)

은 "마음을 돌이켜 먹음"이라고 정의돼 있고, 기독교에서는 이를 "과거의 생활을 뉘우쳐 고치고 신앙에 눈을 뜸"이라고 정의하고 있다. 참고로, 개역개정 성경에 회심이라는 단어 자체는 없다.

회개와 회심의 의미가 사전적으로는 별 차이가 없지만 신앙적으로는 큰 차이가 있다. 신앙생활을 함에 있어서 주님을 처음 인격적으로 만나는 회심은 이후의 회개와 구별된다. 회심으로 인해 회심 이전의 회개와 회심 이후의 회개가 달라지기 때문이다. 가장 큰 차이는, 회개가 성화의 과정에서 끊임없이 계속해야 하는 것이지만, 회심은 일회성의 사건이라는 점이다. 회심이 기독교인들에게 주는 영적인 힘은 회개와 차원이 다르다.

회심이 중요한 이유는 회개의 토대가 되기 때문이다. 회심은 보통 하나님과 관련된 어떤 사건에 의해 이루어지며, 그 사건은 끊임없이 죄에 영향을 받는 기독교인이 회개할 수 있는 근거가 된다. 또한 회심은 우리의 믿음 생활에서 영적 나침판이 된다. 죄의 영향을 받을 때마다 회심 때의 영적 감동이 우리를 주님의 온전한 길로 인도하기 때문이다.

그러나 안타깝게도, 우리는 회심을 통해 하나님을 깊이 만난 이후에도 여전히 죄의 영향력 아래에서 살고 있다. 죄는 기독교인이 죄로부터 멀어지는 것을 가만히 두고 보지 않는다. 어떻게든 우리를 영적 시험에 넘어지게 한다. 사도 바울조차 자신의 죄 문제로 인해 엄청나게 괴로워했다(로마서 7장 참고). 그런데 바로 이럴 때 회심이 중요한 역할을 한다. 우리는 회심 때 만났던 하나님과의 첫사랑을 기억하면서 더 깊은 성화의 삶에 집중할 수 있다. 그 첫사랑을 되새기며 하나님의 은혜 안에서 성장하고, 더 아름다운 영적 삶을 살아가게 되는 것이다. 그렇게 살아갈 때, 우리는 주님이 우리에게 맡기신 이 땅의 복음화 사역에 한 걸음 더 나아갈 수 있게 된다.

> 그러므로 너희가 회개하고 돌이켜 너희 죄 없이 함을 받으라 이같이 하면 새롭게 되는 날이 주 앞으로부터 이를 것이요 _행 3:19

회심은 우리를 죄가 가득했던 옛사람에서 새사람으로 변화시켜 주님과 동행하는 삶을 살게 한다. 회심을 통해 우리에게 오신 성령님은 우리를 하나님께서 뜻하시는 길로 인도해 주신다.

성경은 바울의 회심을 중요하게 기록하였다. 바울은 사도행전에서 기독교인을 탄압하다가 다메섹 도상에서 예수님을 만나고 회심한 사건을 3회에 걸쳐 간증했다(9, 22, 26장). 그런데 바울의 신앙 여정을 생각해보면, 바울의 회심 간증이 단지 세 번에 그치지 않았을 거라는 걸 쉽게 상상할 수 있다. 바울은 전도여행 기간 동안 예수님을 만났던 자신의 회심 간증을 여러 번 고백했을 것이다. 그런 바울의 회심 고백이 복음을 전도하는 데에서 큰 영적 힘이 되었을 것은 자명한 일이다.

② 하나님의 믿음으로 인도한다

회심은 성령님의 임재로 인해 내가 내 몸의 주인으로 살던 삶을 끝내는 중요한 사건이다. 하나님께 인도받는 새로운 삶의 시작을 나타내는 출발점이며, 하나님께서 중심이 되는 믿음의 첫걸음을 내딛는 첫 단계인 것이다.

> 유대인과 헬라인들에게 하나님께 대한 회개와 우리 주 예수 그리스도께 대한 믿음을 증언한 것이라 _행 20:21

이 말씀은 믿지 않던 사람이 회심하여 그리스도인이 될 때 어떤 일이 일어나는지를 기록한 것이다. 그 일은 성부 하나님께 대하여 자신이 그동안 저질러왔던 모든 죄를 자복하는 회개와 예수님에 대한 믿음을 고백한다는 것을 의미한다. 회심은 회개와 믿음이 함께 이루어지는 과정이다. 그러므로 회심은 회개 없는 믿음이나 믿음 없는 회개가 아니다. 그 두 가지가 함께 있어야 진정한 회심이 된다고 할 수 있다. 또한 회심 전에는 내 믿음이 '자신의 의'에 근거한 믿음이었다면, 회심 후에는 '하나님의 의'에 의한 믿음이 된다. 내 의지로 믿는 믿음이 아니라 하나님에 의해 믿어지는 믿음으로 변화가 생긴다는 뜻이다.

　회심은 성령께서 우리에게 임하시는 사건이다. 그러므로 회심은 우리에게 단순히 삶의 변화가 아니다. 과거의 삶을 송두리째 바꾸는 사건이다. 오순절 날에 베드로의 설교를 듣고 찔림을 받은 유대인들이 "우리가 어찌해야 하느냐?"라고 당황했을 때, 베드로가 그들에게 한 말은 "회개하라"였다. 그때 회개한 유대인들은 회심하고 죄 사함을 받았으며, 성령을 선물로 받았다.

> [37] 그들이 이 말을 듣고 마음에 찔려 베드로와 다른 사도들에게 물어 이르되 형제들아 우리가 어찌할꼬 하거늘 [38] 베드로가 이르되 너희가 회개하여 각각 예수 그리스도의 이름으로 세례를 받고 죄 사함을 받으라 그리하면 성령의 선물을 받으리니 _행 2:37-38

성령께서 임하시는 순간, 우리의 영과 혼과 몸은 온전히 하나님의 통치 아래 사로잡히게 된다. 회심은 우리의 통치권이 우리 자신으로부터 하나님께로 넘어가게 한다. 그리고 하나님의 믿음이 우리 안에 자리 잡게 된다. 성령의 임재로 우리에게 새로운 질서가 세워지는 것이다. 이전 것은 지나가고, 새롭게 변화된 하나님께서 주시는 믿음의 삶이 시작된다. 하나님께서는 회심을 경험케 하신 그 사람을 쓰신다. 그의 모든 과거를 삭제하고, 하나님의 영광을 드러내는 도구로 사용하신다. 그래서 회심은 기독교인의 심중에 마치 큰 지진이 일어난 일과 같다. 지진으로 땅이 갈라지면 그 갈라진 단면은 마치 칼로 무를 자른 것처럼 드러나게 된다. 마찬가지로 회심의 순간은 우리의 내면을 그렇게 선명하게 나누고 드러낸다. 하나님께서 주시는 회심의 충격적 사건이 우리 믿음의 기반을 완전히 새롭게 바꾸는 것이다.

③ 회심에는 통일성이 있다

성도들이 회심을 경험하는 모습은 매우 다양하다. 회심에 이르는 길은 사람마다 다르고, 그 과정 또한 각자의 삶의 배경과 경험에 따라 다르게 나타난다. 그러나 회심에는 사람들에게 공통적으로 나타나는 신학적 핵심이 존재한다. 이것을 신학적으로 회심의 통일성(unity of conversion)이라고 말할 수 있다.

첫째, 동일한 방향성

회심은 모든 사람을 '자기중심의 믿음'에서 '주님의 믿음'으로 이끄는 동일한 방향성을 지닌다. 이때 '주님의 믿음'이란 그저 주님을 믿는 행위를 뜻하기보다, 예수 그리스도의 믿음에 참여하게 되는 것을 의미한다. 이 믿음의 삶은 더 이상 자신의 생각과 가치관을 기준으로 살아가는 것이 아니다. 예수 그리스도를 삶의 주로 모시고, 그분을 따르는 새로운 삶으로의 전환을 뜻한다.

어떤 기독교인이라 해도 각자 다른 환경과 삶의 이야기를 가지고 있다. 동일한 유전자를 가진 일란성 쌍둥이라 해도 같은 삶을 살아가지는 않는다. 모든 사람은 각자가 처한 시대, 가정, 교육, 성격, 경험이 모두 다르다. 회심 이전의 삶은 그만큼 다채롭다. 하지만 회심은 이처럼 다양한 개인의 삶을 관통하여 공통의 결과를 낳는다. 즉, 삶의 주도권을 내려놓고, 그리스도께 자신을 온전히 맡기기 시작한다는 점이다.

회심으로 변화된 믿음은 인간의 결단이나 감정적인 동요만으로 설명되지 않는다. 성령의 역사로 말미암아 하나님께서 주시는 새로운 믿음으로 살아가기 시작하는 것이다. 이 믿음은 궁극적으로 하나님으로부터 온 것이며, 인간 안에서 난 것이 아니다. 사도 바울은 에베소서에서 이 진리를 다음과 같이 선포한다.

> 너희는 그 은혜에 의하여 믿음으로 말미암아 구원을 받았으니 이것은 너희에게서 난 것이 아니요 하나님의 선물이라 _엡 2:8

따라서 회심이란 각기 다른 삶을 살아온 이들이 하나님의 은혜 안에서 같은 믿음의 본질로 들어가는 영적 사건이다. 이 본질적인 통일성은 성령의 인도하심 아래에서 모든 회심의 과정을 하나님의 구속사적인 계획 안에 위치시킨다. 이렇게 회심한 자는 이전의 삶을 내려놓고, 하나님의 믿음 안에서 새로운 삶을 살아가기 시작한다.

둘째, 죄에 대한 동일한 이해

회심은 자신의 삶이 죄에 어떻게 영향을 받아왔는지를 깨닫게 한다. 회심 이전에는 죄에 대하여 막연하게 생각했다. 자신의 영적 정체성에 대해선 전혀 생각하지 못했기 때문이다. 그렇게 지내왔던 시간 속에서 한순간에 죄에 대한 자각이 찾아오는 것이다. 회심 이전에는 죄에 대하여 도덕적이거나 외적인 행위의 문제로만 인식하는 경우가 많다. 그러다 막연한 율법적 불편을 넘어서는 깨달음이 온다. 이는 회심을 통해 역사하시는 성령을 통해 영적인 빛이 자신에게 비치는 것이 깨달아지기 때문이다. 심중 깊숙한 곳에서부터 영적인 눈이 열리는 것이다.

> 어두운 데에 빛이 비치라 말씀하셨던 그 하나님께서 예수 그리스도의 얼굴에 있는 하나님의 영광을 아는 빛을 우리 마음에 비추셨느니라 _고후 4:6

회심을 통해 임하신 성령께서는 하나님 앞에서 내가 얼마나 죄의 통로가 되어 살아왔는지를 깨닫게 해주신다. 나 자신이 죄를 이길 수 없는 존재라는 것을 알게 해주신다.

셋째, 성화의 삶에 대한 동일한 이해

회심은 성화의 삶을 살도록 인도해준다. 회심을 경험한 모든 사람이 하나님의 사랑과 축복 속에서 과거의 불신자의 삶을 떠나 미래의 새로운 길로 나아가게 해준다. 회심의 모습은 사람마다 다를 수 있지만, 그 본질은 항상 성령의 역사에서 비롯되는 탓이다. 그래서 어떤 형태로 회심을 경험하든, 그 변화는 우리들의 마음속에 본질적으로 동일하게 일어나는 것이다. 그것은 모두 같은 방향을 향하고, 같은 목적을 가진다. 성령께서 각 사람 안에서 일으키시는 변화는 통일성을 가지고, 그분의 계획에 따라 우리를 인도하시는 것이다.

우리 모두는 회심을 통해 예수 그리스도를 구원자로 받아들이게 되고, 성령의 인도 아래에서 성화의 길을 걷게 된다. 그리고 점점 더 주님께서 우리의 삶을 이끄신다는 사실을 깨닫게 된다. 이 과정을 걸어가는 모습은 사람마다 다르게 보이겠지만, 결국 모든 기독교인은 성화의 길을 걷게 되는 것이다. 우리는 모두 하나의 목표를 향해, 함께 나아가는 신앙의 길을 가게 된다.

④ 회심의 다양성과 사례들

이제는 회심의 다양성에 대해 알아보자. 사람들에게 보이는 회심의 모습은 사람마다 각각 다르다. 회심의 형태는 한 가지가 아닐 수 있다. 각자에게 주어지는 상황에 맞는 독특하고 특별한 하나님과의 만남이다. 어떤 사람은 강한 감동과 눈물로 회심의 순간을 맞이하지만, 어떤 사람에게는 조용하고 은은하게, 자신도 모르는 사이에 변화가 찾아오기도 한다. 때로는 특별한 사건이나 예상치 못한 계기를 통해 주님을 만나기도 한다. 어떤 사람에게는 눈에 띄는 극적인 변화가 일어나고, 어떤 이에게는 일상의 조용한 변화가 일어난다. 어떤 이들은 바울처럼 갑작스럽고 분명한 순간에 회심을 경험한다. 어떤 이들은 디모데처럼 어려서부터 성경을 배우며 점진적으로 믿음에 이르기도 한다.

회심은 어떤 특별한 사건에 대한 깨달음을 통해 이루어지기도 한다. 그 사건을 통해 하나님께서 각 사람의 내면과 삶의 구체적인 상황 속으로 인격적으로 찾아오시는 것이다. 필자의 경우, 군대에서 유행성출혈열을 경험한 다음 살아난 사건이 회심으로 이끌었다. 필자가 죽음의 문턱에서 절박하게 하나님의 이름을 부르짖었던 것처럼, 어떤 회심은 강렬한 사건으로 시작된다. 그런데 필자도 시간이 흐른 뒤에야 그 사건의 의미를 제대로 깨달았듯, 어떤 사건의 의미는 시간이 흐른 뒤에야 또렷해지기도 한다. 어떤 이는 사건 현장에서 한 순간의 변화로 이어지지만, 어떤 이는 오랜 침묵 끝에 들려오는 하나님의 음성으로 삶의 전환점을 맞는다.

회심은 각 사람의 삶의 결을 따라, 하나님의 섬세한 손길에 따라 다르게 나타난다. 누군가는 말씀 앞에서 무너지고, 누군가는 사유(思惟)의 골짜기에서 하나님을 향해 천천히 마음을 연다. 어떤 이는 위기의 절벽에서, 어떤 이는 일상의 평온 속에서 하나님을 만난다. 이러한 회심의 다양성에 자신의 독특한 회심을 비춰보면, 역으로 자신의 회심에서 성령님의 역사라는 통일성을 발견할 수 있을 것이다. 회심의 형태는 각각 다를지라도, 모든 그리스도인이 회심을 통해 이전의 삶에서 돌이켜 하나님께로 방향을 바꾸게 된다는 점에서는 동일하다고 볼 수 있다. 회심을 경험한 우리는 결국 예수 그리스도를 믿는 자로서의 삶을 살아가게 된다.

주님은 우리 각자의 상황에 맞게 죄를 깨닫게 하시고, 거기서 벗어나 새로운 삶을 살도록 인도하신다. 이러한 회심의 경험은 우리를 더 깊은 신앙으로 이끌고, 우리는 조금씩 성숙한다. 그 여정은 각 사람이 다르지만, 모두 주님의 은혜 속에서 하나로 이어져 있다.

회심의 통일성과 다양성은 기독교인이 신앙 속에서 성숙해지는 과정과 떼려야 뗄 수 없는 관계를 맺고 있다. 각기 다른 삶을 살아온 우리는 결국 주님의 은혜 안에서 죄를 깨닫고 회심의 길로 나아간다. 그런 점에서 회심은 하나로 연결된 신비로운 여정이다. 이 과정에서 저마다 자기만의 이야기를 가진다는 점에서는 다양성이고, 모두 같은 목표를 향해 나아간다는 점에서는 공통성이다. 그런 점에서, 성도들끼리 저마다 경험한 회심의 간증을 나누는 것은 의미있는 일이다.

하지만 회개를 자주 말하지 않는 이 시대에 회심의 간증을 나누고 듣기란 더욱 쉽지 않은 일 같다. 그래서 이 장에서는 유명한 신앙 인물들 몇 명의 회심 이야기를 모아보았다. 회심의 다양성을 이해하는 데에 도움이 되기를 바란다.

충격적 사건으로 회심한 루터

루터가 수도사가 되기로 결심하기 전의 삶은 우리가 흔히 떠올리는 경건하고 성령 충만한 모습과는 조금 거리가 있었다. 젊은 시절의 그는 부모의 기대 때문에 수도사가 되는 길과 법관이 되는 길 사이에서 갈등하던 평범한 청년이었다. 하나님께서 루터를 주님의 일꾼으로 다듬어 가신 과정은 사울을 다메섹 도상에서 바울로 바꾸신 하나님의 역사와도 닮았다.

루터의 부모는 보수적인 농부로서 전통적인 신앙을 가지고 있었다. 당시 독일의 농부들 사이에서는 요정, 도깨비, 마귀할멈 같은 존재들이 등장하는 토속 종교와, 신화적인 기독교와 수도사의 영향력과 면죄부 판매라는 중세의 부패하고 왜곡된 종교 환경이 복잡하게 형성되어 있었다. 그런 환경은 마치 우리나라 선교 초기의 모습과 비슷했다. 토속 신앙과 초기 기독교가 혼합되어 독특한 종교적 풍경을 이루었던 것이다.

루터는 부모님의 뜻을 따라 에르푸르트대학을 다니면서도, 수도원 생활이야말로 하늘나라로 가는 지름길이라고 생각하고 있었다. 그가 수도사를 동경했던 이유는 가까운 곳에서 자주 마주하던 베네딕투스 수도사들 때문이었다. 그들은 세속의 번잡함을 벗어나 경건한 삶을 사는 사람들로 보였고, 루터는 그런 모습을 보며 14세 무렵부터 수도사가 되겠다는 생각을 조금씩 갖게 된다. 그러나 부모의 반대라는 큰 벽은 그의 결심을 고민하고 주저하게 하였다. 갑자기 벼락을 맞는 사건이 있기까지는 말이다.

롤란드 베인톤은 루터의 회심 사건, 즉 루터가 수도원으로 들어가기로 결심하게 한 사건을 이렇게 기록한다. 그가 21세이던 1505년 7월, 후덥지근하던 어느 날, 부모님을 만나고 에르푸르트대학으로 돌아가는 길에 벼락을 맞았다. 그는 자신의 인생이 여기서 막을 내린다는 생각이 순간 들었다. 그때 놀라운 경험을 하게 된다. 나무가 울창한 숲과 웅덩이에 숨어 있던 마귀들이 뛰쳐나오는 모습이 눈에 들어온 것이었다. 그걸 본 루터는 "살려주세요! 수도사가 되겠습니다!"라고 소리를 질렀다.

루터는 그 일이 자신으로선 도저히 거스를 수 없는 하늘의 부르심을 받은 일이라고 믿었다. 그로서는 회심의 순간이었던 셈이다. 수도사가 되기 위한 수도원장과의 면담에서도 자신이 얼마나 죄인이었는지를 고백하며, 자신이 앞으로 가야 할 어렵고 힘든 시간을 충실히 이겨내고서 수도사가 되겠다는 다짐을 했다고 한다. 이런 회심을 거친 루터였기에 훗날 종교 개혁도 추진할 수 있지 않았을까?

부드러운 회심을 경험한 칼빈

기독교인 중에는 자신이 분명히 회심하여 구원을 받았음에도 그 회심의 순간이 언제였는지 알지 못하는 경우가 있다. 이런 경험을 가진 사람들이 의외로 적지 않다. 마치 부드러운 바람이 부는 것처럼 회심이 서서히 이루어지는 경우다. 극적인 사건이나 강렬한 경험 속에서 회심한 사람들에게는 이런 이야기가 조금은 낯설게 들릴 수도 있다. 가슴을 치며 눈물로 회개하고 회심을 경험한 사람들은 조용하고 점진적인 회심 이야기에 의문을 품기도 한다. 하지만 대부분의 성도는 잔잔한 회심의 경험을 통해 신앙의 깊이를 더해간다.

부드러운 회심이라고 해서 그 회심에 능력과 영향력이 없는 것은 아니다. 오히려 그 안에 하나님의 뜻이 더 분명히 드러날 수 있으며, 깊고도 강렬한 삶의 변화를 일으키는 경우도 많다. 대표적인 인물이 바로 존 칼빈(1509-1564)이다.

칼빈의 회심은 조용하고 부드러운 방식으로 이루어졌다. 그러나 그 여파는 그의 삶 전체를 바꾸어 놓았다. 그는 회심 이후 로마 가톨릭교회와 교황 체제를 강력히 비판하기 시작했으며, 그의 개혁은 한 세대 앞선 마르틴 루터보다 강경하고 철저한 방식으로 이루어졌다. 하나님께서 부드럽게 다가오셨다 하더라도, 그분의 손길은 삶의 모든 것을 새롭게 하고, 세상을 변화시키는 강력한 힘으로 나타난다는 걸 보여주는 사례다.

칼빈은 회심에 대해 다른 방식으로 접근하기도 했다. 그는 자신의 회심을 특정한 감정적 순간이나 극적인 사건으로 묘사하지 않는다. 대신 "하나님께서 내 마음을 길들여 순종하게 하셨다"라고 표현하며, 회심을 점진적이고 지속적인 지적·영적 변화의 과정으로 보았다.

청년 시절에 인문주의적 사유에 몰두했던 칼빈은 복음 진리와의 만남을 통해 기존의 인간 중심적 가치관을 벗어나 하나님 중심의 세계관으로 전환했다. 그의 회심은 복음의 논리적 설득력과 성경 진리에 대한 지적 순복, 그리고 성령의 내면 역사에 대한 수용으로 나타났다. 감정적 체험보다 말씀 연구와 깊은 사유, 그리고 성령의 인도에 따라 의지와 사고가 점차 변화되는 과정이었다.

칼빈의 삶은 회심 이후 '하나님 앞에서'(Coram Deo) 살아가는 철저한 학문적·목회적 순종의 여정을 보여준다. 오늘날 많은 기독교인이 칼빈과 같은 회심을 통해 신앙의 여정을 걷고 있다.

순간적인 회심을 경험한 존 웨슬리

존 웨슬리(1703-1791)의 회심은 사람이 하나님의 부드러운 사랑을 통해 오래 감화되는 가운데, 어떤 사건이 계기가 되어 순간적으로 회심한 대표적 사례로 들 수 있다. 웨슬리가 살았던 시대는 계몽주의 철학과 자연 과학이 급격히 발달하고 산업 혁명이 시작되던 시기였다. 당시 영국 사회는 도덕적 기초가 무너지고 교회 개혁에 대한 희망이 사라져 암울했다.

웨슬리는 1738년 독일로 건너가 모라비아 교단을 방문하고, 그곳에서 그의 신앙생활에 큰 전환점을 맞이하게 된다. 옥스퍼드에서는 '거룩한 모임'을 조직하며 철저히 경건한 생활을 추구했지만, 내면 깊은 곳에서는 구원에 대한 불확실성과 영적 공허가 자리했다. 심지어 선교 활동 이후에도 자신의 믿음에 확신이 없음을 고백했다. 그러던 중, 웨슬리는 런던의 올더스게이트 거리에서 열린 한 모임에 참석했다. 그 자리에서 마틴 루터의 로마서 주석 서론이 낭독될 때 깊은 회심을 경험하게 된다. "그리스도께서 나의 죄를 사하셨다"라는 확신이 마음속에 새겨지고, 내면에 따뜻함이 퍼지는 체험을 한 것이다.

이 사건은 웨슬리에게 구원의 확신이 이성적 이해를 넘어 가슴 깊은 곳에서 체험되는 순간이었다. 그리하여 그의 회심은 단순한 교리적 동의가 아니라, 복음의 능력이 삶 속에서 실제로 경험되는 사건이 되었다. 웨슬리는 이 체험 이후, 복음을 삶의 중심에 두고서 복음을 전하는 전도자로 변화되었다.

금식 중에 회심을 경험한 조지 휫필드

조지 휫필드는 1714년 영국 글로스터에서 태어났으며, 옥스퍼드 대학교에서 공부했다. 그가 변화를 겪게 된 계기는 웨슬리 형제가 인도하던 '홀리 클럽'(Holy Club)을 알고서부터였다. 그곳에서 휫필드는 동료들과 신앙적인 교류를 나누며 정신적인 어려움을 극복할 수 있었다. 특히 하루 세 번 기도하고 한 주일씩 금식하는 등, 영적 깨달음을 얻기 위해 매진했다. 그 열정은 그의 건강을 해칠 정도로 철저했으며, 주님을 향한 그의 열망은 그만큼 절대적이었다.

그가 회심을 경험한 것은 21세이던 1735년, 사순절 기간이었다. 휫필드와 그의 친구들은 이 절기를 매우 엄격하게 지켰는데, 토요일을 제외한 6주 동안 고기는 입에도 대지 않았고, 주일을 제외한 주중에는 설탕을 넣지 않은 사르비아 차와 거친 빵 외에 아무것도 먹지 않았다. 금식으로 인해 몸은 수척해지고, 어느 날은 유난히 목이 타고 입에서는 불쾌한 단내가 났다. 십자가에서 목마르다고 외치신 예수님이 생각났다. 그러고 나서 머지않아 그토록 무겁게 그를 짓누르던 짐에서 해방되었다는 사실을 느끼게 되었다. 애통하는 영이 떠나가고, 구원자이신 하나님 안에서 기뻐하는 것이 무엇인지 알게 되었다고 한다. 그리고 얼마 동안, 어디에 가든 찬송을 부르지 않을 수 없었다.

횟필드는 그 후 5년간의 성화 과정을 거친 뒤에야 비로소 구원의 확신을 얻을 수 있었다. 금욕주의에서 벗어나 구원의 확신을 갖게 된 횟필드는 더 이상 자신의 구원만 좇지 않았다. 죄 가운데 죽어가는 이들을 위해 복음을 증거해야 한다는 사명감을 느끼게 되었다. 그가 금욕과 금식을 통해 경험한 특별한 회심은 사회 전체의 영적 부흥을 이끄는 촉매제가 되었다.

성경을 읽을 때 회심한 조나단 에드워즈

조나단 에드워즈는 어느 날 성경을 읽을 때, 성령께서 그에게 강력하게 역사하시는 걸 체험하며 회심하였다. 그가 읽은 성경은 디모데전서 1장 17절이었다.

> 영원하신 왕 곧 썩지 아니하고 보이지 아니하고 홀로 하나이신 하나님께 존귀와 영광이 영원무궁하도록 있을지어다 아멘 _딤전 1:17

그가 기억하기로, 이 말씀은 그로 하여금 하나님과 하나님께 속한 일들에 대해 내적이고 달콤한 기쁨을 맛보게 한 첫 번째 경우였다고 한다. 성경의 다른 어떤 구절도 이 구절처럼 그에게 다가온 적은 없었다. 하나님의 영광에 대한 감각, 즉 이전에 경험했던 어떤 것과도 전혀 다른 새로운 감각이 그의 영혼 속에 생겼다는 것이다. 그 감각은 그의 영혼 전체에 확산되었다.

말씀을 통한 그의 체험 안에는 영적인 어떤 것, 혹은 구원에 관련된 어떤 것이 있었다. 바로 그때부터 그는 그리스도에 대해, 구속에 대해 그리고 그리스도께서 이루신 영광스러운 구원의 방법에 대해 새로운 차원으로 이해하고 생각하기 시작했다. 그 회심은 그의 삶 전체를 완전히 변화시키는 사건이었다.

그 회심 사건 이후, 에드워즈는 자신에게 주어진 부흥의 사명을 더욱 분명히 느끼게 되었다. 그는 자신이 목회하는 교회뿐만 아니라 더 넓은 지역 사회까지 부흥의 불씨를 퍼뜨렸다. 그를 통한 부흥은 단순히 사람들의 외적인 행동 변화만 일으킨 것이 아니었다. 깊은 영적 회복과 성령의 강력한 역사 속에서 이루어졌다. 에드워즈의 회심은 그가 목회자로서 부흥을 인도할 수 있었던 가장 중요한 원천이었다.

성경 관련 서적을 통해 회심한 길선주

길선주 목사는 1869년 3월 15일 평안남도 안주의 독실한 유교 가문에서 출생하였다. 엄격한 한학 교육을 받은 길선주는 말단 서기로 잠시 관직에 있었는데, 성격이 청렴결백하여 부정부패가 만연된 관청의 모습에 깊은 실망을 느꼈다. 새로운 삶을 개척하기로 결심한 그는 도교에 관심이 생겨 한적한 산속에서 수도에 전념하기도 했다. 진리를 찾는 일이라면 어떤 대가라도 치를 각오였기에, 잠을 자지 않고 수도에 전념하려고 약수터에서 얼음물을 길어다 눈에 부었다. 이렇게 하기를 여러 날 하여, 각막이 손상돼 그만 시력을 잃고 말았다. 그의 종교적 열정은 훗날 기독교에 헌신하는 요인이 되었다.

  길선주는 시력을 잃어버린 후에도 평양에 한약방을 개원하였다. 얼마 후 친구 김종섭이 그를 찾아와 기독교 신앙을 받아들일 것을 권했다. 종교적 심성이 누구보다 깊고 예민했던 길선주는 어렵지 않게 기독교의 진리를 전심으로 받아들였다. 그는 마침 그 즈음에 게일 선교사가 번역한 〈천로역정〉을 접할 수 있었다. 아내에게 그 책을 읽어달라고 부탁했다. 아내가 읽어주는 천로역정 내용을 들으면서, 말씀이 그의 영혼 안에 깊이 침투되는 것을 느꼈다. 그 책을 몇 번이고 다시 읽어달라고 아내에게 부탁했고, 자기 인생의 문제, 즉 자신이 무거운 죄의 짐을 짊어지고서 절망 가운데 허덕이고 있었다는 것을 발견했다.

  드디어 길선주는 주께 완전히 굴복하고 예수 그리스도에게 온전히 헌신하기로 다짐했다. 그는 곧 그리스도 안에서 새사람이 되었다. 영적 평안과 새로운 평화가 그의 마음에 넘쳤고, 환희가 그의 삶에 찾아왔다. 그는 잃어버린 육신의 시력보다 훨씬 소중한 영적 시력을 얻은 것이다.

⑤ 회심 이후에는 삶이 변화된다

회심 이전에는 누구나 죄 가운데 있었고, 본질상 하나님의 진노 아래에 놓인 존재였다. 사도 바울은 인간의 이 본래적 상태를 다음과 같이 설명한다.

> 전에는 우리도 다 그 가운데서 우리 육체의 욕심을 따라 지내며 육체와 마음이 원하는 것을 하여 다른 이들과 같이 본질상 진노의 자녀이었더니 _엡 2:3

인간의 정체성이 죄인이었다는 것이다.

죄인의 정체성이란 단순히 죄를 짓는 상태가 아니다. 죄의 지배 아래에서 살아가는 죄의 종의 상태를 의미한다. 즉, 삶의 주인이 죄이며, 인간은 그에 복종하며 살아간다는 것이다. 이 상태에서는 자신의 이익, 명예, 쾌락이 삶의 궁극적 목적이 된다. 이런 정체성을 가진 사람의 삶은 곧 '옛사람'으로서의 삶이며, 거짓 자아의 지배를 받는 삶이다.

'거짓 자아'란 본래 하나님이 주신 참된 모습(참 자아)을 잃어버리고, 타인의 인정, 세상의 가치, 자기 욕망에 맞춰 꾸며낸 가짜 자아를 말한다. 신학적 관점에서, 하나님께서 인간에게 원하시는 것은 참 자아(하나님의 형상대로 지음받은 본래의 나)인데, 우리는 죄로 인해 거짓 자아를 만들고 그 안에 숨어버린다. 그래서 예수님께서는 "진리가 너희를 자유케 하리라"(요 8:32)라고 말씀하셨다. 진리 안에서만 거짓 자아가 벗겨지고 참된 자아가 드러나는 것이다. 참고로, 성경에는 '거짓 자아'(false self)라는 단어가 나오지는 않는다. 대신 거짓 자아와 같은 뜻을 가진 단어들인 '옛사람', '육신', '겉사람' 같은 표현으로 그 의미를 전달한다.

회심은 이 거짓 자아의 정체성에 근본적인 변화를 일으킨다. 회심 이후 그리스도인의 삶에 나타나는 가장 근본적인 변화는 정체성의 변화이기 때문이다. 죄의 종에서 의의 종으로, 하나님의 원수에서 하나님의 자녀로 변화된다. 이 변화는 행위의 변화를 넘어 존재의 본질이 바뀌는 것이다. 더 이상 옛사람의 욕망에 따라 살아가는 존재가 아니라, 성령의 다스림 아래에서 살아가는 새사람으로서의 삶이 시작된다. 기독교인으로서 정체성의 변화와 그에 따른 소명이 생기는 것이다.

정체성의 변화는 삶의 방향을 결정짓는다. 회심한 자는 이제 예수 그리스도께서 주신 소명에 따라 살아간다. 소명은 목회자나 선교사와 같이 특정한 사역에만 국한되지 않는다. 모든 회심한 성도는 자신의 일상, 직업, 가정, 공동체 속에서 하나님의 나라를 드러내는 사명자로서 부름받는 것이다. 예수님께서 부활 승천 직전에 제자들에게 이렇게 명하셨다.

> 오직 성령이 너희에게 임하시면 너희가 권능을 받고 예루살렘과 온 유대와 사마리아와 땅 끝까지 이르러 내 증인이 되리라 하시니라
>
> _행 1:8

이는 모든 성도에게 해당되는 보편적 소명이다.

회심을 통해 성령께서 우리 안에 내주하시고, 우리의 삶의 주인이 되신다. 그 결과 이전에는 중요하게 여겼던 것들이 더 이상 중심이 되지 않는다. 자아 중심적 가치와 세상적인 기준이 무너지고, 하나님 중심의 새로운 질서가 세워진다.

사도 바울은 자신의 회심 이후의 정체성을 이렇게 고백한다.

> [7]그러나 무엇이든지 내게 유익하던 것을 내가 그리스도를 위하여 다 해로 여길뿐더러 [8]또한 모든 것을 해로 여김은 내 주 그리스도 예수를 아는 지식이 가장 고상하기 때문이라 내가 그를 위하여 모든 것을 잃어버리고 배설물로 여김은 그리스도를 얻고 _빌 3:7-8

회심은 존재의 본질을 바꾸는 사건이다. 죄의 지배를 받던 자가 하나님의 자녀로 새롭게 태어나고, 성령의 인도 아래 하나님의 나라를 위한 삶을 살아가기 시작한다. 이 정체성의 전환이야말로 참된 회심이 가져다주는 가장 뚜렷한 변화다.

회심하면 옛사람의 구습이 끊어진다

나는 고등학생이라는 비교적 이른 시기에 담배를 접했다. 처음에는 단지 호기심과 겉멋에서 시작한 일이었다. 며칠씩 피우지 않아도 되는 것을 보며, 스스로 담배에 쉽게 자유로울 수 있을 것이라고 생각했다. 더구나 그때는 규율부장을 맡고 있어서 외형적 강함과 멋을 좇던 시기였다. 그러나 시간이 흐르면서 담배는 나의 습관을 넘어 삶의 일부가 되었다. 중독은 점점 더 깊어졌다. 성인이 된 이후엔 담배가 건강에 미치는 영향을 직접 느끼면서 여러 번 끊고자 했다. 때로는 1년 이상 금연에 성공하기도 했지만, 결국 다시 담배를 찾게 되었다. 내 의지로는 도저히 끊을 수 없는 벽을 실감하게 되었고, 담배의 중독성이 생각 이상으로 강력하다는 사실을 뼈저리게 경험했다.

북경에서 예수님을 인격적으로 만난 후에도 여전히 담배를 끊지 못하고 있었다. 그러던 어느 날, 함께 사업을 하던 후배가 심각한 표정으로 내게 말을 걸어왔다. 교회에서 가까이 지내던 어느 집사가 길거리에서 담배를 피우는 내 모습을 보았다는 걸 말하기 위해서였다. 그 집사는 내가 믿음이 좋은 줄 알고 있었는데, 크게 실망했다고 했다. 그러면서 후배는 "형은 기도하면 하나님이 잘 들어주신다고 하면서 담배는 왜 못 끊냐?"라고 단도직입적으로 물었다. 그의 표정은 나에 대한 실망감이 그대로 드러난 것이었다.

나는 다음날 새벽기도 시간에 다시 회개의 시간을 가졌다. 담배와 관련해 내가 가졌던 생각과 지나온 행동들을 하나님께 진심으로 회개했다. 나 자신의 힘으로는 아무것도 할 수 없음을 인정하며 간절히 도우심을 구했다. "하나님, 저는 담배를 도저히 끊을 수 없습니다. 제 힘으로는 아무리 노력해도 불가능합니다. 주님께서 끊을 수 있도록 도와주셔야 합니다." 이렇게 오래 기도했지만, 특별한 감동이나 즉각적인 응답은 없었다.

그날 점심을 먹고 나서 사무실로 돌아온 후, 문득 이상한 느낌이 들었다. 무언가 중요한 약속을 잊은 듯했다. 직원에게 확인했더니 약속은 다음 날에 있었다. 그때 문득 깨달은 사실이 있었다. 내가 그날 아침부터 그 시간까지 담배를 한 개비도 피우지 않았던 것이다. 놀라운 일이었다. 더 놀라운 것은, 담배 생각조차 나지 않았다는 것이다. 그토록 강렬했던 담배의 향과 맛조차 내 기억에서 사라져 있었다. 나는 그 순간에 알게 되었다. 하나님께서 내 기도를 들으시고 응답하셨다는 것을.

하나님은 내 힘으로 절대 끊을 수 없던 중독의 사슬을 끊으셨고, 과거의 기억까지 새롭게 하셨다. 나의 육체와 습관에 깊이 새겨져 있던 죄의 흔적이 성령의 능력으로 말끔히 제거된 것이었다. 마치 처음 담배를 접하기 전의 상태로 되돌려 놓으신 듯한 은혜였다. 이 경험을 통해, 나는 성경의 이 말씀을 깊이 체감할 수 있었다.

> 그런즉 누구든지 그리스도 안에 있으면 새로운 피조물이라 이전 것은 지나갔으니 보라 새 것이 되었도다_고후 5:17

회심 이후, 우리 삶의 변화는 억지로 애를 쓴다고 나타나는 것이 아니다. 성령의 능력으로 자연스럽게, 그러나 분명하게 이루어지는 것이다.

하나님께서는 우리의 옛사람의 구습을 다루시는 분이시다. 회심은 죄의 표면만 제거하는 것이 아니라, 죄의 뿌리를 끊는 근본적인 변화다. 바울은 이렇게 말한다.

> 우리가 알거니와 우리의 옛사람이 예수와 함께 십자가에 못 박힌 것은 죄의 몸이 죽어 다시는 우리가 죄에게 종 노릇 하지 아니하려 함이니 _롬 6:6

나의 금연은 인간적 의지의 결과가 아니라, 십자가 안에서 이루어진 정체성의 변화에 따른 결과였다.

삶의 모든 가치관이 바뀐다

회심은 마치 어두운 밤을 지나 아침을 맞이하는 것과 같다. 회심의 순간, 비로소 나를 향한 하나님의 뜻이 깨달아진다. 내 노력과 열정으로는 아무리 오랜 시간을 들여도 알 수 없는 것이다. 성령의 부드러운 손길로 마음이 바뀌기 전까지는 결코 깨달을 수 없는 신비다. 그 깨달음은 단순한 인식의 전환이 아니다. 마치 안개 속을 헤매다 맑은 하늘 아래에 서는 느낌이다.

회심 후에는 이전에 자신의 삶을 지배했던 모든 가치관이 바뀐다. 과거에 그렇게 좋았던 세상 것들이 어느 순간부터 마음에서 멀어진다. 억지로 그렇게 되는 것이 아니다. 그저 자연스럽게 그렇게 된다. 죄의 굴레 속에서 살던 옛사람이 떠나가고, 성령의 이끄심 아래 새사람이 되는 것이다.

²² 너희는 유혹의 욕심을 따라 썩어져 가는 구습을 따르는 옛사람을 벗어 버리고 ²³ 오직 너희의 심령이 새롭게 되어 ²⁴ 하나님을 따라 의와 진리의 거룩함으로 지으심을 받은 새사람을 입으라 _엡 4:22-24

이제 옛사람의 그림자는 더 이상 우리를 붙잡지 못한다. 대신 새사람으로서의 날갯짓이 시작된다. 이 모든 일은 우리가 하는 것이 아니다. 성령의 감동 속에서 이루어지는 일이다. 우리 의지로는 결코 도달할 수 없는 변화다. 하지만 성령 안에서 이전에는 꿈꿀 수도 없었던 새로운 삶을 살아가게 된다.

그런데 새사람의 삶은 아직 완전하지 않다. 때로는 넘어질 때도 있다. 그렇지만 이전과는 다르다. 우리 안에 계신 성령께서 다시 일어나도록 이끄신다. 우리는 그 걸음과 걸음 속에서 하나님의 선하심을 더 깊이 경험하게 된다. 새로워진 우리의 삶은 더 이상 우리 것이 아니라 하나님을 나타내는 삶이 되어 간다.

회심을 통한 영적 분별력이 모든 것을 단번에 해결해 주지는 않는다. 오히려 죄로부터 완전한 자유를 얻기 위해 몸부림치는 날이 시작된다. 그 몸부림은 하나님의 품으로 더 깊이 들어가려는 갈망의 과정이다. 죄를 끊어내기 위해 치열하게 싸우는 싸움이다. 이 영적 싸움은 영적 성장을 위해 필요한 과정이다. 그것이 하나님과 깊은 관계 속으로 들어가기 위한 여정이라고 보면 된다.

회심을 통한 성령 충만 이후, 마귀의 시험(공격)이 따른다

 회심 이후 나의 삶은 모든 것이 완전히 바뀌었다. 율법에서 하지 말라는 것은 싫어졌고, 지키라는 것은 좋아졌다. 인간관계 역시 단순하게 정리되었다. 성경의 모든 말씀은 꿀송이보다 더 달았다. 죄와 관련된 것들은 내게 영향을 끼치지 못하게 되었다. 모든 것에서 환희와 기쁨이 넘쳤다. 하나님께서 부어주시는 감사는 주변의 어려움에도 불구하고 넘쳐났다. 그 기쁨과 감사는 사업의 어려움을 충분히 '커버'하고도 남았다.

 당시 필자는 중국과 한국에서 동시에 사업을 하고 있었다. 그 즈음은 리먼 브러더스 발 금융 위기가 전 세계를 덮칠 때였다. 중국과 한국이 동시에 사업이 어려워져 모든 실적이 눈에 띄게 급속도로 악화하였다. 그 무렵, 내가 한국에 있던 어느 날이었다. 사무실에서 늦은 시간에 업무를 마감하고 있었다. 매출이 너무나 부진했다. 중국에서도 어려운데 한국에서는 그 정도가 지나치고 있었다. 갑자기 과거에 부도날 때의 기억이 두려움으로 나를 사로잡았다. 당좌수표와 어음을 막던 숨 막히던 시간, 돈을 마련하러 사람들을 찾아다니던 때 등등, 기억하기도 싫었던 기억이었다. 그때 같아서는 정말 조만간 그렇게 될 것 같았다. 하지만 다시는 그렇게 살고 싶지 않았다!

 공포와 두려움이 나를 엄습했다. 그때 마음 한쪽에서, "그렇게 살 바에는 그냥 삶을 포기해"라는 소리가 들리는 게 아닌가? 이상하리만큼 그 소리에 마음이 갔다. 그 소리대로 행동하고 있는 나를 발견했다. 판단력이 마비된 것 같았다. 그때의 나는 완전히 마귀에게 사로잡혀 있었다. 전혀 예상하지도 못하던 행동을 하고 있었다. 그 순간, 말할 수 없는 어떤 힘이 나에게 영향을 끼치기 시작했다. "이러면 안 돼!"라며 나를 강하게 사로잡았다. 짧은 순간, 마음이 극과 극을 왔다 갔다 했다. 마귀의 시험이고 공격이었다.

> [19]내가 원하는 바 선은 행하지 아니하고 도리어 원하지 아니하는 바 악을 행하는도다 [20]만일 내가 원하지 아니하는 그것을 하면 이를 행하는 자는 내가 아니요 내 속에 거하는 죄니라 _롬 7:19-20
> 우리의 씨름은 혈과 육을 상대하는 것이 아니요 통치자들과 권세들과 이 어둠의 세상 주관자들과 하늘에 있는 악의 영들을 상대함이라 _엡 6:12

우리가 회심한 후, 시험을 통한 우리의 연단은 높은 산과 깊은 계곡을 번갈아 오르내리는 것과 비슷하다. 산이 높으면 계곡이 깊다. 영적 성장은 계단을 밟으며 올라가는 것과 다르다. 주식의 그래프처럼 오르락내리락하면서, 전체적으로는 위로 올라가는 것과 같다. 기독교인은 이와 같은 회심 이후의 성화 과정을 이해해두는 것이 좋다. 그래야 시험이 왔을 때 이겨내기 쉽다.

  우리가 시험을 이겨내는 과정은 우리 힘으로 하는 것이 아니다. 성령의 감동으로 이겨내게 되는 것이다. 그만큼 하나님이, 그리고 하나님의 사랑이 우리를 통해서 나타나게 된다.

> ³다만 이뿐 아니라 우리가 환난 중에도 즐거워하나니 이는 환난은 인내를, ⁴인내는 연단을, 연단은 소망을 이루는 줄 앎이로다 ⁵소망이 우리를 부끄럽게 하지 아니함은 우리에게 주신 성령으로 말미암아 하나님의 사랑이 우리 마음에 부은 바 됨이니 _롬 5:3-5

성경은 우리에게 시련과 어려움을 통한 믿음의 성장과 강화의 과정을 강조하고 있다. 또한 믿음의 시련을 통해 영적으로 더욱 견고해지고 성장하게 된다는 진리를 알려주고 있다. 결국 그 시련과 시험을 통해 우리는 하나님의 큰 군대가 된다. 이 땅을 복음화시키라는 주님의 명령을 온전히 이루게 된다.

회심 이후의 영적 시험은 예수 그리스도의 고난과 십자가가 우리에게 이루어지는 삶이다. 예수 그리스도께서 십자가의 고난을 통해 우리의 모든 죄의 영향력을 잘라내신 것과 영적으로는 같은 의미다. 또한 시험과 고난을 이겨내게 함으로써, 우리 옛사람의 그림자인 '거짓 자아'가 더는 우리 몸과 혼을 통치하지 못하게 한다. 온전히 하나님의 뜻을 나타내는 새사람의 삶을 살 수 있게 한다. 회심 이후 시험을 통한 성령의 인도하심을 받는 우리는 어떤 어려움에 부딪칠지라도 믿음을 유지하게 된다.

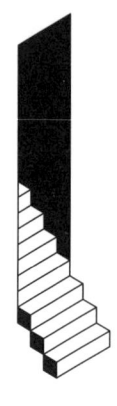

12
4-7단계:
영성적 회개 단계

◇◇◇ **회개의 4단계: 내가 행한 죄가**
  내가 행한 것이 아님을 깨닫고서 하는 회개

나는 회심과 함께 하나님을 뜨겁게 만난 후, 매일 회개했다. 처음에는 감사와 기쁨이 넘쳤다. 하지만 어느 순간부터 그 감동이 점점 희미해졌다. 그러다 결국 회개조차 되지 않는 날이 찾아왔다. 아무리 애를 써도 마음은 싸늘하기만 했다. 감사도, 기쁨도, 감동도 전혀 없었다. 그저 내가 지은 죄를 떠올리며 같은 말을 반복할 뿐이었다. '회개할 것이 이제 다 끝났나?'라는 생각까지 들었다. 안타깝게도 더는 기쁨이 올라오지 않았다. 싸늘한 마음만 더 커졌다. 회개를 시작했던 처음의 기쁨과 뜨거움, 환희는 어디에도 없었다. 이유를 알 수 없어 혼란스러웠다.

그러던 어느 날이었다. 로마서를 읽던 중에 말씀이 갑자기 새롭게 다가왔다.

> ¹ 그러므로 이제 그리스도 예수 안에 있는 자에게는 결코 정죄함이 없나니 ² 이는 그리스도 예수 안에 있는 생명의 성령의 법이 죄와 사망의 법에서 너를 해방하였음이라 _롬 8:1-2

익숙한 구절이었다. 이미 여러 번 읽었고, 머리로는 이해하고 있었던 말씀이다. 그런데 그날은 달랐다. 그 말씀이 순간적으로 나를 완전히 사로잡았다. "그래, 결코 나를 정죄할 필요는 없다. 나는 예수님으로 인해 죄에서 자유로워진 사람이지!" 그 순간, 내가 누구인지 분명하게 깨달아졌다. 눈이 확 밝아졌다.

나는 회개하는 동안 과거의 죄들을 끊임없이 고백했다. 돌아보면 지나온 시간은 참으로 죄악으로 가득했다. 그래서 하나님께 간절히 기도했다. "내 모든 죄를 하나도 빠짐없이 생각나게 해주세요." 성령님은 지난날의 죄악들을 하나하나 떠오르게 해주셨다. 나는 또 고백했다. "나는 죄인입니다. 나는 이런 죄를 저질렀습니다. 나의 죄를 용서해 주십시오." 이런 고백을 수없이 반복했다. 그렇게 회개하는 것이 당연하다고 생각했다.

끊임없이 죄를 지으며 살아온 나에게 '죄인'이라는 정체성은 너무도 익숙했다. 죄인이기 때문에 회개해야 한다고 믿었고, 그 믿음 속에서 매일 죄를 고백했던 것이다. 그런데 그게 아니었다.

'내가 원하지 않는 행동을 했던 놈'은 내가 아니었다. 죄가 그렇게 한 것이었다. 그래서 더 놀라운 것은, 지금까지 내가 나라고 여겼던 것이 사실은 내가 아니라 죄였다는 사실이었다. 그것이 처음 느껴지던 순간, 너무도 당황스러웠다. 이게 무슨 상황인가? 내가 성경을 읽다가 뭔가 잘못되어 정신이 이상해진 것인가? 내가 나라고 느끼는 것이 내가 아니라니, 이게 대체 무슨 뜻인가?

머릿속이 혼란스러웠고 정신이 아득해졌다. 도저히 어찌할 수가 없었다. 하나님께 간절히 기도했다. "하나님, 지금 저는 어떻게 해야 하나요? 이것을 어떻게 이해해야 합니까?" 그렇게 몇 번이나 여쭈어보았다. 얼마 후, 하나님께서 감동을 주셨다. 죄에 영향을 받는 나와 예수 그리스도 안에 있는 내가 완전히 다른 존재라는 것을 깨닫게 하신 것이다.

그렇다. 나는 예수 그리스도로 인해 거듭 태어난 의인이 되었다. 그럼에도 불구하고 여전히 스스로 나를 죄인으로 정죄하고 있었다. 내가 '죄인'이라고 생각하고, 그렇게 말해야 회개가 이루어진다고 믿었기 때문이다. 1-2단계의 회개에서는 그렇게 하는 게 맞다. 나의 정체성이 죄인이라고 믿고 있을 때는 그게 맞는 것이다. 하지만 회심하고 영적으로 성숙해진 이후에는 그런 회개가 옳지 않다. 자신을 더 이상 정죄해선 안 되는 것이었다.

내가 그리스도와 함께 십자가에 못 박혔나니, 그런즉 이제는 내가 사는 것이 아니요, 오직 내 안에 그리스도께서 사시는 것이라. 이제

> 내가 육체 가운데 사는 것은 나를 사랑하사 나를 위하여 자기 자신
> 을 버리신 하나님의 아들을 믿는 믿음 안에서 사는 것이라 _갈 2:20

자신이 의인이 되었음에도 불구하고 자신을 죄인이라고 정죄하는 것은 이제 온전한 회개가 아니었다. 그런데도 당시에는 "나는 죄인이다"라고 끊임없이 고백하며, 나를 더 깊은 영적 어둠 속으로 밀어 넣은 것이다.

영적 정체성의 변화에 대한 깨달음이 없을 때는 "내가 죄인이다"라고 회개하는 것이 맞다. 그러나 정체성이 바뀐 것을 알게 되는 영적 성숙이 이루어진 후에는 그렇게 하면 안 된다. 내가 죄에 속아, 또 죄의 행동을 한 것에 대해 회개해야 한다.

우리가 성화의 과정을 거치며 영적으로 성장하듯, 회개에도 성장이 필요하다. 회심 후에는 하나님의 자녀로서의 정체성을 확인하는 회개가 필요한 것이다. 그런데 나는 계속해서 나 자신을 정죄하는 회개만 했다. 그렇게 하다 보니, 어느 순간부터 죄에 더 영향을 받을 수밖에 없게 되었다. 결국, 마음속 깊은 곳에서 기쁨을 느끼기보다, 싸늘함 속에 있을 수밖에 없었다.

회개하는 '나'는 누구인가?

처음에는 회개하면서도 알지 못했다. 그냥 스스로 인식되는 내가 나인 줄 알았다. 그런데 그게 아니었다. 내 생각이라고 다 내 생각이 아니었던 것이다. 그러면 나는 누구인가? 특히 '회개하는

'나'는 누구인가?

신학적으로 사람을 이해하는 데는 두 가지 학설이 있다. 영과 혼을 하나로 보며 육체를 따로 보는 이분법이 있고, 영·혼·몸(육)을 각각 따로 보는 삼분법이 있다. 한편으로 사람은 '전인체'이므로, 영과 혼과 몸 등으로 나눌 수 있는 것이 아니라는 견해도 있다.

이 책에서는 회개에 대한 이해를 돕기 위해 삼분법으로, 영과 혼과 몸을 나누어 생각해 보고자 한다. 영·혼·몸으로 나누어 보려는 것은 죄와 관련하여 이해를 돕기 위한 것이다.

우리나라 성경에서 혼을 따로 기록하고 있는 곳은 구약의 십여 곳과 데살로니가전서 5장뿐이다. 나머지는 모두 '영혼'이라고 기록하고 있다. 그런데 성경 원어에는 영혼이라는 단어가 없다. 영혼이라는 단어는 중국어 성경을 번역할 때 따라온 것이다.

혼을 성경적으로 표현하면 '어떤 영을 나타내는 혼', '영에 속한 혼'으로 말할 수 있다. "마리아가 이르되 내 영혼(영)이 주를 찬양하며 내 마음(혼)이 하나님 내 구주를 기뻐하였음은"(눅 1:46-47, 직접적 표현). "육에 속한 사람은 하나님의 성령의 일들을 받지 아니하나니 이는 그것들이 그에게는 어리석게 보임이요, 또 그는 그것들을 알 수도 없나니 그러한 일은 영적으로 분별되기 때문이라"(고전 2:14, 간접적 표현). 영과 혼은 밀접한 관계에 있지만, 결코 동일한 실체가 아니다. 다음 말씀을 묵상해 보자.

> ⁵육신을 따르는 자는 육신의 일을, 영을 따르는 자는 영의 일을 생각하나니 ⁶육신의 생각은 사망이요 영의 생각은 생명과 평안이니라 ⁷육신의 생각은 하나님과 원수가 되나니 이는 하나님의 법에 굴복하지 아니할 뿐 아니라 할 수도 없음이라 _롬 8:5-7

성경 본문에서 '따르는 자'로 번역된 헬라어 표현은 '호이 가르 카타'이다. 이 단어는 단순히 어떤 행동을 묘사하는 것이 아니라, 그 행동을 선택하고 결정하는 사람의 내적 상태를 가리킨다. 따라서, 여기서 강조되는 주체는 겉으로 보이는 몸 자체가 아니라 생각과 의지를 가진 내적 인간, 곧 혼의 차원이라고 볼 수 있다. 다시 말해, '몸의 그 사람'이 아니라 '혼의 그 사람'을 지칭하는 의미가 더 강하게 드러난다. 이렇게 이해하면 영, 혼, 몸의 관계를 한층 분명하게 받아들일 수 있다. 혼은 단순히 독립적으로 존재하는 것이 아니라, 반드시 어느 한쪽을 드러내게 된다. 곧, 하나님과 교통하는 영을 따르거나, 아니면 죄된 본성을 지닌 육을 따르는 것이다.

혼은 인간이 스스로를 '나'라고 인식하는 자리이며, 결국 이 혼이 어느 쪽을 선택하느냐에 따라 삶의 방향이 결정된다. 따라서 성경은 인간 존재를 설명할 때 혼을 중립적이고 자율적인 영역으로 보지 않는다. 혼은 반드시 영을 나타내거나 육을 나타내는 역할을 수행한다. 결국 "나는 누구인가?"라는 질문에 대한 대답은 내가 스스로를 독립적인 존재로 규정하기보다 혼이 어떤 방향성을 드러내고 있는가에 달려 있다는 사실로 귀결된다. 이는 인간 존재가 결코 자기 자신 안에서 완결되지 않고, 하나님과의 관계 속에서만 참된 정체성을 발견할 수 있다는 걸 말한다.

흔히 인간을 영적 존재라고 말하지만, 그 존재를 나타내는 것은 혼이다. 인간의 본질은 영이지만, 그것은 사람에게 혼으로 표현된다. 그래서 성경에서 '혼'으로 번역되는 히브리어 '네페쉬'와 헬라어 '프쉬케'는 문맥에 따라 '목숨, 생명, 나' 등으로, 그 사람 자체를 표현할 때 사용된다.

인간이 죄를 짓고 타락하였을 때 하나님의 영이 떠났다. 타락한 인간은 하나님과의 생명적 관계보다 자신의 육체적 생명을 유지하는 것이 전부라고 생각한다. 하나님의 영이 떠난 후에 죄를 짓는 주체는 영이 아니고 혼이다. 인간의 자유의지를 가진 것은 혼이기 때문이다. 자유의지를 가진다는 것은 혼이 판단하고 선택하고 행동으로 옮기는 주체라는 것이다.

믿어지지 않겠지만, 우리가 굳건히 믿는 자신이라고 생각하는 '자신의 생각'은 사실 없다. 왜냐하면, 사람들의 마음의 생각을 나타내는 혼은 영의 일을 나타내거나, 아니면 육의 일을 나타내기만 할 뿐이기 때문이다. 즉, 스스로 자신이라고 느껴지는 자신, 즉 혼이 스스로를 나타내는 것이 아니라는 뜻이다.

> 육신을 따르는 자는 육신의 일을, 영을 따르는 자는 영의 일을 생각하나니 _롬 8:5

이 말씀을 이해하지 못하면, 혼은 그냥 자신을 나타내는 것이라고 생각할 수밖에 없다. 여기에서 의문이 든다. 하나님께서 사람에게 자유의지를 주셨으니, 사람은 '스스로 자기의 뜻을 나타낼 수 있는 것이 아닌가?'라고 말이다. 그러나 그것은 마귀에게 영향을 받아 죄의 성품을 나타내는 옛사람의 구습에 따른 생각일 뿐이다. 하나님은 사람을 창조하시고 생기를 불어넣으셔서 생령(혼)이 되게 한 후 하나님의 뜻을 이루는 삶을 살게 하셨다. 결코 마귀의 뜻을 나타내는 삶을 사는 것이 아니다.

> 하나님이 이르시되 우리의 형상을 따라 우리의 모양대로 우리가 사람을 만들고 그들로 바다의 물고기와 하늘의 새와 가축과 온 땅과 땅에 기는 모든 것을 다스리게 하자 하시고 _창 1:26

하나님의 성품과 뜻을 나타내는 것이 인간의 정체성이었다. 아울러 "여호와 하나님이 흙으로 각종 들짐승과 공중의 각종 새를 지으시고 아담이 무엇이라고 부르나 보시려고 그것들을 그에게로 이끌어 가시니 아담이 각 생물을 부르는 것이 곧 그 이름이 되었더라 아담이 모든 가축과 공중의 새와 들의 모든 짐승에게 이름을 주니라 아담이 돕는 배필이 없으므로"(창 2:19-20)라는 말씀처럼 하나님께서 행하게 하시는 것이 우리의 역할이었다. 이렇게 창세기의 말씀을 묵상해 보면 사람의 혼은 영이신 하나님을 나타내는 역할이었음을 알 수 있다.

그런데 안타깝게도 아담과 하와는 그 역할을 제대로 이행하지 못했다. 그리고 인간의 타락이 점차 심해져, 창세기 6장에 이르러서는 하나님의 영광이 떠나게 되었다. 그 후 인간들은 오랜 기간 하나님을 나타내지 못하고, 오히려 마귀의 앞잡이 노릇을 했다. 하나님께서 우리에게 주신 자유의지를 창조의 목적과 전혀 다른 용도로 사용한 것이다.

사람에게 구원을 통하여 하나님의 영이 임하신 후, 기능하지 못하는 사람의 영이 기능하게 되었다. 그래서 하나님의 영과 함께 하나님의 성품을 나타내는 기능을 하게 되었다는 것을 이해해야 한다. 영은 우리가 인지할 수 없다. 그 영을 나타내는 것이 혼이다. 혼은 우리의 영을 나타내고, 우리와 함께하시는 하나님의 영을 나타낸다.

> 이는 너희가 죽었고 너희 생명이 그리스도와 함께 하나님 안에 감추어졌음이라 _골 3:3

이 말씀은 우리에게 하나님의 영이 임하셔서 하나님의 영으로 인하여 영적 새 생명을 얻게 되었다는 뜻이다. 여기서 생명으로 번역된 헬라어 '조에'는 육적 생명을 나타내는 데도 사용되지만, 영적 생명을 나타내는 데 더 많이 사용되고 있다. 즉, 구원을 통하여 영이 살아나, 하나님의 영을 나타내는 '영의 일'이 겉으로는 사람의 혼으로 드러나게 된다는 의미이다. 그리고 그것은 우리의 옛사람이 죽었을 때 그렇게 된다고 말씀하고 있다.

그러면, 혼이 '영의 일'을 나타내지 못하면 어떻게 될까? 그때는 '육의 일'을 나타내는 것이다. 누가 그렇게 하는가? 사람의 혼이 그렇게 한다. 다시 말하지만 혼이 '영의 일'을 나타내거나, 그렇지 않으면 '육의 일'을 나타낸다는 것이다. 이것 아니면 저것 뿐이다.

그러면, 중생이 되어 영이 하나님의 영과 함께 하는 사람들의 혼은 '영의 일'을 나타내는데, 그 '영의 일'은 무엇일까? 그것은 하나님의 생명, 즉 하나님의 성품이 나타나는 것을 말한다. 그런데 사람이 하나님의 영을 나타내는 온전한 혼으로서만 이 땅을 살아가면 좋겠으나, 그렇지 못하다. '육신의 일'을 나타내는 육신을 따르는 자의 모습을 삶 가운데서도 드러내 보이는 것이다.

그러면, '육신의 일'은 무엇일까? 바로 옛사람이 과거 우리의 삶에서 드러내 행했던 모든 것들을 말한다. 사람의 혼은 중생했음에도 과거의 옛사람이 행했던 온갖 더러운 것들을 나타내는 '육신의 일'도 행한다는 의미다. 옛사람의 구습을 통해서 말이다.

그러면, 회개하는 '나'는 '영의 일'을 나타내는 나일까? 아니면 '육의 일'을 나타내는 나일까? 당연히 '영의 일'을 나타내는 '나'이다. 하나님의 성품과 뜻을 나타내는 내가 진정한 나의 정체성이다. 우리는 그 정체성으로서 회개해야 한다. 다시 말해, 바뀐 나의 정체성을 확인하는 자리가 회개의 자리이다. 그래서 영적 성장에 따라 회개도 바뀌게 되는 것이다.

너희는 유혹의 욕심을 따라 썩어져 가는 구습을 따르는 옛사람을 벗
어 버리고 _엡 4:22

그런데, 사람의 혼은 거듭 태어난 뒤에도 옛사람이 가지고 있
었던 과거의 습관을 버리기가 어렵다. 에베소서 4장 22절의 말
씀은 성령께서 우리에게 임하심으로 인하여, 거듭 태어난 뒤에
도 옛사람이 가지고 있는 구습이 끊임없이 새사람에게 영향을
끼치려 한다는 것을 암시하고 있다. 옛사람의 그림자가 유혹의
욕심을 따라갈 수밖에 없도록 우리에게 영향을 끼친다는 말이
다. 유혹의 욕심은 사탄, 마귀, 죄가 준다는 것을 잊지 말아야 한
다. 그런데 여기서 우리가 눈여겨봐야 할 또 다른 중요한 구절은
"옛사람을 벗어 버리고"다. 이 구절은 영적 성장과 성화를 이루
어가는 회개에 있어서 매우 중요한 의미를 가지고 있다.

의인이 된 사람은 말의 권세를 사용해서 회개해야 한다
하나님은 말씀을 통해 천지 만물을 창조하셨다.

하나님이 이르시되 빛이 있으라 하시니 빛이 있었고 _창 1:3
하나님이 이르시되 물 가운데에 궁창이 있어 물과 물로 나뉘라 하시
고 _창 1:6

하나님은 흙으로 짐승과 새 등을 만드시고 아담에게 그 이름

을 부르게 하셨다. 인간에게 말의 권세를 활용할 수 있게 하신 것이다.

> 여호와 하나님이 흙으로 각종 들짐승과 공중의 각종 새를 지으시고 아담이 무엇이라고 부르나 보시려고 그것들을 그에게로 이끌어 가시니 아담이 각 생물을 부르는 것이 곧 그 이름이 되었더라 _창 2:19

하나님은 아담에게 모든 동식물의 이름을 말하게 함으로써 그 주신 권세를 확인하게 하였다. 인자로 오신 예수님의 모든 사역 역시 말의 권세를 사용하신 것이다.

> 예수께서 이르시되 어찌하여 무서워하느냐 믿음이 작은 자들아 하시고 곧 일어나사 바람과 바다를 꾸짖으시니 아주 잔잔하게 되거늘 _마 8:26
>
> 내가 진실로 너희에게 이르노니 누구든지 이 산더러 들리어 바다에 던져지라 하며 그 말하는 것이 이루어질 줄 믿고 마음에 의심하지 아니하면 그대로 되리라 _막 11:23

예수님께서 선포하신 이 말씀은 믿음에 관한 말씀이다. 그런데 믿음의 선포 역시 말의 권세를 통해 이루어진다.

많은 기독교인이 믿음이 무너진 후 입이 막혀 어떤 기도도 나오지 않았던 경험이 한 번쯤은 있을 것이다. 같은 맥락에서 회개

역시 말의 선포로 이루어진다. 기독교 신앙에서 말의 선포는 하나님에 대한 전적인 신뢰의 표현이다. 우리는 하나님께 우리의 죄를 고백하고 회개할 때 그분이 용서해 주실 것을 믿는다. 그 고백과 회개는 당연히 말로 한다. 말의 선포는 우리가 하나님 앞에서 우리의 죄를 고백하고 용서를 구하는 첫걸음이다.

> 만일 우리가 우리 죄를 자백하면 그는 미쁘시고 의로우사 우리 죄를 사하시며 우리를 모든 불의에서 깨끗하게 하실 것이요 _요일 1:9

말은 그 사람의 영적 상태를 드러낸다. 마음에 무엇이 가득한지, 어떤 생각과 태도로 채워져 있는지가 말을 통해 드러나기 마련이다. 성경은 이를 명확하게 알려준다.

> 선한 사람은 그 쌓은 선에서 선한 것을 내고 악한 사람은 그 쌓은 악에서 악한 것을 내느니라 _마 12:35

의인은 마음에 선한 것이 쌓여 있고, 그 선한 것이 그의 말로 흘러나오게 된다. 그렇게 나온 말은 권세를 갖는다.

> 독사의 자식들아 너희는 악하니 어떻게 선한 말을 할 수 있느냐 이는 마음에 가득한 것을 입으로 말함이라 _마 12:34

예수님께서 하신 이 말씀은 단순히 바리새인들을 꾸짖는 데 그치지 않는다. 모든 기독교인에게 주시는 교훈이기도 하다. 의인은 마음에 선을 품으니 의의 말을 하고, 죄인은 마음에 악을 품으니 죄의 말을 할 수밖에 없다는 것이다.

나는 오랫동안 스스로를 정죄하며 "나는 죄인입니다"라는 말로 회개를 했다. 회개의 중요성을 알고 있었기에, 죄인이라는 고백이 하나님 앞에서 겸손함을 보여준다고 생각했다. 하지만 어느 순간부터 회개가 나를 자유하게 하기보다 계속해서 죄책감 속에 머물게 하고 있었다. 그러던 중, 말의 선포가 얼마나 중요한지 깨닫게 되었다.

예수님의 보혈로 말미암아 우리가 이미 의인이 되었다. 그럼에도 불구하고 계속해서 스스로를 정죄하며 했던 말은 어떠한 은혜도 되지 못했다.

> 그러므로 이제 그리스도 예수 안에 있는 자에게는 결코 정죄함이 없나니 _롬 8:1

우리는 의인이다. 그렇다면 의인으로서 '의'의 말을 해야 한다. 다윗은 사울에게 끊임없이 쫓겼다. 그렇지만 그의 입술에서는 선한 말만 흘러나왔다. 사울을 죽일 기회가 있었던 엔게디 동굴에서도 사울의 생명을 해치지 않기로 결단한다. 그는 부하들에게 이렇게 말했다.

자기 사람들에게 이르되 내가 손을 들어 여호와의 기름 부음을 받은
내 주를 치는 것은 여호와께서 금하시는 것이니 그는 여호와의 기름
부음을 받은 자가 됨이니라 _삼상 24:6

다윗의 말 속에는 하나님에 대한 경외와 의로움이 담겨 있다. 반면, 사울의 입에서는 거짓과 분노의 말이 넘쳤다. 다윗을 질투하며 끊임없이 죽이려는 음모를 꾸미고, 하나님의 뜻을 따르기보다 자신의 욕망을 앞세웠다. 결국 두 사람의 말과 행동은 그들의 운명을 극명하게 갈랐다. 다윗은 하나님의 축복 속에 이스라엘의 왕으로 세워졌고, 사울은 비참한 최후를 맞이했다.

◇◇◇ 회개의 5단계:
삶의 매 순간에 회개하는 회개의 일상화 단계

죄는 거듭 태어난 새사람이 저지르는 것이 아니다. 죄에 영향을 받고 있는 구습을 따르는 몸이 저지르는 것이다.

만일 내가 원하지 아니하는 그것을 하면 이를 행하는 자는 내가 아니요 내 속에 거하는 죄니라 _롬 7:20

이와 같이 몸이 저지르는 죄의 행위는 우리를 끊임없이 힘들게 한다. 그 결과는 하나님의 자녀로서 우리에게 주신 소명을 이

루는 데 장애물이 된다. 만약 우리가 성령 충만한 상태로 죄에 아무런 영향을 받지 않을 수 있다면, 모든 면에서 전혀 문제 될 것이 없다. 그런데 그것은 상상 속의 희망일 뿐, 그렇게 될 수는 없다. 왜냐하면, 그렇게 된다는 것은 전혀 죄의 영향을 받지 않는다는 뜻이기 때문이다. 그런 사람은 인자로 오신 예수님밖에 없다.

우리는 일상의 삶 가운데에서 항상 죄에 영향을 받는다. 죄의 행동과 말을 할 수밖에 없다. 그러므로 끊임없이 회개해야 한다. 이는 기독교인의 의무이다.

> 그러므로 너희가 회개하고 돌이켜 너희 죄 없이 함을 받으라 이같이 하면 새롭게 되는 날이 주 앞으로부터 이를 것이요 _행 3:19

'죄없이 함을 받으라'는 원어가 가지고 있는 뜻은 '지우다', '씻어내다'다. 이는 회개함으로 따라오는 보상이다.

고대 근동 지방에서는 글을 쓸 때 양피지나 파피루스에 썼다. 그런데 당시에 사용했던 잉크는 오늘날의 잉크와 달리 고치고 싶으면 물 묻은 천으로 닦으면 지워졌다. 그러므로 우리가 어떤 죄를 지었든지 회개하면 그 모든 죄가 기억도 되지 않을 정도로 말끔하게 사라지게 된다는 의미이다. 하나님께서는 우리가 회개하고 나면 우리의 죄를 기억하지 아니하신다. 양피지나 파피루스에 잉크로 썼던 것이 깨끗이 지워지는 것처럼 말이다.

또한 '새롭게 되는'이란 인간의 생기가 회복된다는 뜻이다. 회개하면 우리의 육적인 삶, 영적인 삶의 회복이 이루어진다는 것이다. 그러므로 회개는 매일 해야 할 뿐 아니라, 하루 가운데 어느 때라도 회개해야 한다. 하나님께서는 회개하는 자의 죄를 용서하실 뿐 아니라, 회개하는 사람에게 새로운 영적 생명을 더하여 주신다.

나는 회개할 때 거의 예외 없이 눈물이 같이 난다. 그래서 회개할 때는 공공장소에서 하기가 부담스럽다. 그런데 회개를 계속하다 보면 기도의 자리에서만 회개하는 것이 아니라는 것을 알게 된다. 그냥 살아가면서 삶 가운데서 자연스럽게 회개하는 것이 가능해진다. 인위적으로 '내가 회개해야지'가 아니라 자연스럽게 하게 된다.

우리 주위에서는 늘 죄가 우리를 노리고 있다. 특히 거듭 태어난 성도들은 마귀의 입장에서 보면 '공공의 적 1호'다.

> 근신하라 깨어라 너희 대적 마귀가 우는 사자 같이 두루 다니며 삼킬 자를 찾나니 _벧전 5:8

그래서 아무리 은혜의 삶을 살아간다고 해도 죄로부터 완전히 자유로워지지 못하는 것이 우리의 현실이다. 알고서 그렇게 되든 부지불식간에 그렇게 되든, 죄의 말과 행동을 하게 되는 때가 많다. 그래서 더욱 회개해야 한다.

죄의 행동이나 말을 했을 경우, 회개는 그 자리에서 바로 하는 것이 가장 좋다. 그 죄의 영향력이 나중에 생기는 게 아니라 그 시간부터 바로 생기기 때문이다. 그렇다고 해서 그 자리에서 무릎 꿇고 두 손을 모으고 심각하게 하는 회개가 아니어도 괜찮다. 생각을 주님에게 집중해서 주님과 대화를 나누면 된다. 그리고 자연스럽게 자신이 행한 것을 회개하면 된다. 그러면 하나님은 그 회개를 기뻐 받으셨다는 '사인'을 우리에게 주신다. 그 '사인' 은 평강의 마음으로 주시거나, 문제를 바로 해결해 주시는 것으로 나타난다.

몇 년 전, 비가 오는 초겨울, 지하철역에서 있었던 일이었다. 에스컬레이터를 타고서 내려가야 했다. 사람들이 많았고, 다들 바쁜 시간이었다. 허리가 구부정한 연세 많으신 할아버지께서 에스컬레이터를 타고 내려가시는데, 이상하게 긴 우산의 끝이 아래 쪽이 아니라 옆을 향하도록 가로로 쥐고 계셨다. 할아버지는 에스컬레이터의 오른쪽에 서 계셨기에 서둘러 걸어가려는 사람을 배려하신다는 생각을 하고 있었겠지만, 공교롭게도 장대 우산에 가로막혀 아무도 걸어서는 내려가지 못하고 있었다. 할아버지 뒤에 있던 젊은이는 아무 말도 못 하고 서 있기만 했다. 그 몇 줄 뒤에 서 있던 나 역시 그래야 했다.

약속 시각에 조금 늦은 나는 불편한 마음이 올라왔다. 아무 생각 없이 입으로 중얼거렸다. "사람이 이렇게 많은데, 우산으로 가로 막고 서다니, 배려심이 너무 없는 거 아니야?" 그때는 급한 마음에 그 생각이 죄가 주는 생각인지를 전혀 인지하지 못했다.

내려가서 개찰구에서 카드를 꺼내려고 하는데, 이상하게 주머니의 지퍼가 내려가지 않았다. 당황했다. 급하게 카드를 찾으려니 지퍼가 더 내려가지 않았다. 뒤에 사람이 기다리고 있어서 어쩔 수 없이 옆으로 비켜섰다. 그리고 다시 지퍼를 내리려 했지만, 아무리 애를 써도 내려가지 않았다. 어딘가 끼어도 단단히 낀 것 같았다. 그때 성령님께서 회개하라는 감동을 주셨다. 죄가 주는 생각을 아무 생각 없이 그대로 말하던 나를 주님께서 보고 계셨던 것이다. '아차' 하는 생각이 들었다. 바로 회개했다. "주님 회개합니다. 죄가 주었던 생각을 마치 내 생각인 것처럼 받아들여 그 할아버지를 미워했던 것을 회개합니다. 용서하여 주시옵소서." 그 순간 지퍼가 그냥 스르르 내려가는 게 아닌가? 참으로 신기하고 감사하기도 했다. 주님께서 나의 소소한 모든 행동을 다 보고 계시고, 회개에 바로 응답을 주신 일이었다. 그날 아침의 일은 하나님께서 내게 회개를 통해 주신 선물 같았다.

기독교인들은 기독교인들만 모여서 살다가 하나님을 만나러 가는 것이 아니다. 이 땅에서 믿지 않는 사람들과 어울려 산다. 그들과 함께하는 삶에는 반드시 마귀의 공격이 따른다. 사탄 마귀의 공격은 손톱 발톱 다 세우고 이빨을 드러내고 으르렁대는 것이 아니다. 마음속에 생각을 집어넣는 것으로, 영적으로 공격하는 것이다. 이런 공격이니, 마음에 들어오는 생각과 자신을 동일시해서 분별하기는 어렵다.

이 땅의 복음화는 예수님께서 우리에게 주신 소명이다. 이 소명을 이루기 위해서는 우리와 인간관계를 가지고 있는 주위 사람들이 그 대상일 수밖에 없다. 요즘에는 각종 SNS 등을 통해 온라인으로 관계를 가지기도 해서 인간관계의 문제와 방법은 더욱 다양해지고 있다. 대상이 누구이든, 우리가 복음을 전할 대상자는 죄에 영향을 받고 있는 상태다. 겉으로 보이는 모습은 그냥 사람의 모습이다. 그래서 우리가 그냥 사람에게 전도하는 것처럼 보인다. 그러나 복음을 전하는 것은 영적 전쟁이다.

> 우리의 씨름은 혈과 육을 상대하는 것이 아니요 통치자들과 권세들과 이 어둠의 세상 주관자들과 하늘에 있는 악의 영들을 상대함이라
> _엡 6:12

이것을 인지하지 못하면 영적 전투에서 승리하기가 매우 어렵다. 그런 이들에게 복음을 전하기 위해서는 우리가 먼저 죄로부터 자유로운 상태가 되어야 한다. 회개를 통하여 영적으로 정결하게 된 후에 그들을 상대해야 하는 것이다. 회개가 삶 가운데 필요한 이유가 여기에 있다.

옥스퍼드주석은 영적 전투에 대해 이렇게 설명한다.

"하늘에 있는 악의 영들은 영적인 세계에서 하나님을 대항하여 사탄 편에 선 천사들을 총칭하는 표현이다. 이들은 공중 권세 잡은 자로 묘사되는 사탄의 부하들로서 세상에 대해 제한적

인 지배력을 행사하고 있다. 바울은 당시 사람들이 영적 세력을 묘사하는 데 사용한 이와 같은 용어로, 성도가 싸워야 할 대상이 바로 하나님을 대적하는 사탄의 하수인인 악령임을 보여주고 있다."(옥스포드주석 121, p759)

마음속의 영적 방어막은 오크통의 나무 조각과 같다

지피지기 백전불태(知彼知己 百戰不殆)라는 말이 있다. '적을 알고 나를 알면 백 번 싸워도 위태로울 것이 없다'라는 뜻이다. 어떤 전쟁이든 전쟁에서 이기기 위해서는 당연히 상대방을 잘 알아서 전투에서 승리할 수 있도록 준비해야 한다. 그렇지만 승리를 위해서는 나를 아는 것 역시 상대방을 아는 것만큼 중요하다는 말이다. 자신의 전력과 준비된 상태가 어떤지 정확히 알고 있어야 그 전쟁에서 이길 수 있다는 뜻이다. 그러면 영적 전쟁에서는 어떨까?

영적 전쟁은 혼이나 몸으로 하는 것이 아니다. 영으로 행하는 전쟁이다. 당연히 우리와 함께하시는 성령께서 하시는 전쟁이다. 그러므로 성령께서 지금 내게 얼마나 강하게 역사하시느냐에 따라 승패가 결정난다.

에베소서 6장을 보면 영적 전쟁의 무기는 두 가지로, 방어 무기와 공격 무기가 있다. 공격 무기는 '성령의 검 곧 하나님의 말씀'뿐이다. 나머지는 전부 방어 무기다. 영적 전쟁에서는 마귀의 영적 공격에 대한 방어가 그만큼 중요하다는 의미다.

우리는 마귀의 공격에 어떻게 방어할까? 그 방법은 마귀의 각각의 공격 내용에 대하여 각각의 방어 무기가 다르게 작동하는 것이다. 마귀의 공격 아이템에 따라 방어 능력이 각각 다르게 작동해야 한다는 뜻이다. 예를 들어, 사람들에게 마귀가 전부 같은 정도의 영적 공격을 가했다고 해보자. 그 공격에 모든 사람이 똑같은 수준의 방어 능력을 보이지는 않는다. 사람마다 다른 성품으로 태어났고, 믿음의 영적 성장 과정, 즉 성화의 과정이 다 다르기 때문이다.

성장 과정에서 끊임없이 사람을 두려워하고 미워한 사람이 있다고 해보자. 그러면 그는 어쩔 수 없이 두려움과 미움이라는 영의 공격에 취약할 수밖에 없다. 반대로 중생 이후 성화의 과정에서 하나님께서 두려움을 잘 견디고 이길 수 있는 영적 힘을 주신 경우라면 '두려움의 영'의 공격은 그 사람에게 큰 영향력을 끼치지 못한다. 이처럼 마귀의 공격에 대해 이겨내는 마음속의 영적 방어막, 즉 영적 능력은 각각 다르다. 그래서 성경은 마귀의 공격에 대항하는 여러 방어 무기를 우리에게 맞게 준비하라고 말씀하고 있다.

> [14]그런즉 서서 진리로 너희 허리 띠를 띠고 의의 호심경을 붙이고 [15]평안의 복음이 준비한 것으로 신을 신고 [16]모든 것 위에 믿음의 방패를 가지고 이로써 능히 악한 자의 모든 불화살을 소멸하고 [17]구원의 투구와 성령의 검 곧 하나님의 말씀을 가지라 _엡 6:14-17

마귀의 영적 공격의 종류(혹은 통로)는 다양하다. 우리는 종류에 맞게 각각의 방어 무기를 준비해야 한다. 그런데 영적으로 충만한 사람이라 하더라도, 모든 공격에 다 같은 힘으로 영적 방어가 되지는 못한다. 강한 부분이 있고, 약한 부분이 있다. 모든 기독교인의 영적 방어벽에도 강한 부분과 약한 부분이 어우러져 있다. 이것을 이해하기 쉽게 표현하면, 마치 오크통의 나무 조각처럼 서로 연결되어 있다고 이해하면 된다. (이 비유는 어디까지나 이해를 돕기 위한 표현일 뿐이다. 영의 세계는 물질의 세계와 다르다.)

오크통의 나무처럼 연결돼 준비된 각각의 영적 방어력이 서로 어우러져 우리들의 마음을 지키는 것이다. 그런데 그 방어는 우리가 하는 일이 아니다. 악한 영을 상대하는 것은 영이신 성령님께서 하시는 일이다. 우리는 그분 안으로 들어가는 것뿐이다. 예수님에게 사로잡혀 영적 전쟁을 감당하게 되는 것이다.

> 이는 너희가 죽었고 너희 생명이 그리스도와 함께 하나님 안에 감추어졌음이라 _골 3:3

우리가 죽고 성령님에게 인도함을 받을 때 영적 전쟁이 가능해진다.

그러면, 어떻게 우리가 죽고 영이신 하나님 안으로 들어갈 수 있을까? 그렇게 할 수 있게 하는 것이 바로 회개다. 우리는 회개를 통해 우리들의 삶에서 끊임없이 공격해 들어오는 죄의 공격을 끊어낼 수 있다. 회개를 통해 예수님 안으로 들어가, 마귀의 공격에서 우리들의 몸과 마음을 지키는 것이다. 다시 말하지만, 마귀의 공격은 성령께서 막으시는 것이다. 우리는 그 안에 피신해 있는 것이다. 우리가 온전히 피신하지 못하여 일부라도 드러나게 되면 영적으로 당할 가능성이 커지게 된다.

우리 마음속의 방어막은 어느 하나가 무너지면 전체가 와르르 무너진다. 어느 하나의 공격으로 공격받는 쪽만 무너지는 게 아니다. 마음이 모두 무너지는 것이다. 예를 들어, 두려움에 대한 마귀의 공격에 무너져 온통 두려움에 사로잡히게 되었다고 해보자. 그런 영적 상태가 된 사람에게는 두려운 마음만 가득 차는 것이 아니다. 시기, 질투, 저주, 음란 같은 모든 죄로 인해 마음이 온갖 더러운 것으로 가득 차게 되고 만다. 그 결과 죄가 시키는 대로 그냥 모든 것을 다 하게 되어 주변에 악한 영향력을 끼치게 될 것이다. 두려움의 영적 공격으로 인해, 두려움에 대한 영적 방어선뿐 아니라 나머지 영적 방어선 모두 무너지는 것이다.

우리는 하나님의 성품을 나타내는 하나님의 자녀이다. 당연히 그와 같은 소명도 받았다(마 28:19-20). 그런데 죄로 인해 영적으로 무너지게 되면 오히려 마귀의 대위임 명령을 받는 꼴이 되어 버리고 만다.

요즘 우리 기독교인들이 전도할 때 믿지 않는 사람들의 반응이 어떤가? 감사하다며 교회에 가겠다고 말하던가? 그렇지 않다. "천국? 너나 가라!" 이런 반응을 보이는 경우가 더 많다. 그런 반응이 나오는 이유는 기독교인이 죄로 가득한 모습을 그들에게 보였기 때문이다. 기독교인의 모습이 자기들과 다름없기 때문이다.

독립선언문에 서명한 33인 중에는 기독교인이 17명이었다. 전체의 절반이 넘는 수다. 그런데 당시 기독교인은 우리나라 인구의 1.5퍼센트뿐이었다. 그때 믿지 않는 사람들은 이런 말을 했다고 한다. "우리는 이렇게 살아도, 기독교인, 당신들을 믿는다." 믿지 않던 사람들에게 당시 기독교인의 삶은 그들과 구분되었던 것이다. 요즘의 우리 모습을 돌아보면 안타까운 생각이 들 수밖에 없다.

> 기록된 바와 같이 하나님의 이름이 너희 때문에 이방인 중에서 모독을 받는도다 _롬 2:24

회개는 늘 영적 분별력을 가지게 한다

나는 오랜 시간 치유 사역을 해왔다. 치유 사역을 하다 보면 항상 병 고치는 기도만 하게 되지 않는다. 질병 외의 다른 기도제목으로 기도할 경우도 생긴다. 가끔 전혀 생뚱맞은 내용으로 기도해 달라는 성도를 만나게 되기도 한다.

기도 사역을 하던 어느 날이었다. 나이가 지긋한 80대쯤 되어 보이는 권사님 한 분이 내 앞에 섰다. "무슨 기도를 해드릴까요?" 그랬더니 "지금 이사를 하려고 하는데, 가야 하나요? 가지 말아야 하나요? 혹시 가면 언제쯤 가야 하지요?"라고 말했다. 황당했다. 지금 같으면 그냥 다른 말 하지 않고, 축복 기도해드리고 돌려보냈을 것이다. 그런데 당시는 그런 경험이 적을 때였다. 안타까운 마음으로 나름 진지하게 하나님께 여쭈어보았다. 아무런 감동이 없었다.

치유 사역자는 하나님의 감동이 없다고 해서 자기 생각을 말해서는 안 된다. 왜냐하면 치유 사역자는 마귀에게 '공공의 적 1호'이기 때문이다. 아차 하는 순간에 죄에 속는 경우가 생긴다. 자신도 모르는 사이에 죄의 말을 할 위험성이 높다. 자신은 자기의 생각을 말한다고 하지만, 그때가 바로 죄가 주는 생각을 말하는 때일 수 있다. 그날 내가 그랬다. 그냥 "주님께서 응답이 없으십니다"라고 말해야 하는데, 그 말을 하지 못했다. 엉뚱하게도 "손 없는 날에 하시죠"라고 말했다.

과거의 우리나라는 농업 국가였다. 농사를 지을 때는 품앗이를 했다. 품앗이는 모심기나 추수할 때 서로에게 큰 힘이 된다. 혼자서는 감당할 수 없는 일이지만, 함께 하면 넉넉히 감당할 수 있었다. 그래서 만약 이사하거나 집을 비우고 출타할 일이 생기면 음력으로 날짜의 끝에 9나 0이 붙어 있는 날에 했다. 우리 선조들은 그 두 날을 귀신이 다니지 않는 날이라고 보고, 소위 '손 없는 날'이라고 하여 그날에 집안의 대소사를 진행했다. 그날 나는 이런 설명도 하지 않고, 그냥 음력으로 9와 0으로 끝나는 날에 이사 가라고 말했다. 기도 사역자로선 절대 해선 안 될 말을 했던 것이다.

다음 날 회개의 시간 때였다. 어제의 사건은 까맣게 잊고 있었는데, 하나님은 그 부분을 정확히 생각나게 하셨고 감동을 주셨다. 나는 '나의 생각'을 말했다고 생각했는데, 그것이 아니었다. 하나님은 내가 전혀 인지하지 못하는 상태에서 죄에 속아 죄의 말을 한 것이라고 하셨다. 세상적으로는 충분히 할 수 있는 말이라고 생각했지만, 아니었다. 내가 기도 사역자여서만이 아니라, 그리스도인이라면 누구도 하지 말아야 할 생각이 아닌가?

하나님은 회개의 시간을 통해 죄가 내게 어떻게 영향을 끼치는지 알게 하셨다. 죄는 우리가 쉽게 인지할 수 있게 역사하지 않는다. 죄가 우리를 속이는 과정을 보면 참으로 절묘하다. 인지하기가 정말 어렵다. 그러나 회개는 우리에게 죄가 죄인지 알 수 있게 해준다.

죄는 우리의 옛 본성, 곧 구습에 젖어 있는 몸의 생각을 통해서 역사한다.

육신의 생각은 사망이요 영의 생각은 생명과 평안이니라 _롬 8:6

여기에서 '육신의 생각'은 죄와 마귀의 영향을 받는 생각을 가리킨다. 반면, '영의 생각'은 성령의 인도하심을 받는 생각이다. 우리는 자신에게 들어오는 생각이 마귀의 생각인지 아닌지 분별하는 영적 능력을 가져야 한다.

> 사랑하는 자들아 영을 다 믿지 말고 오직 영들이 하나님께 속하였나
> 분별하라 _요일 4:1

우리가 영적 분별력을 가지려면 삶에서 늘 회개해야 한다. 이를 통해 성령의 인도를 받아야 한다. 회개는 죄가 주는 생각을 구별하는 능력을 갖게 한다. 회개는 우리에게 영적 분별력을 갖게 해준다.

회개하지 않으면 겉사람만 남고, 죄가 다시 살아난다

성경은 사람을 중생(거듭 태어남)을 기준으로 옛사람과 새사람으로 나눈다. 이 두 사람으로 나뉘는 기준은 그 사람에게 하나님의 영이 있느냐 없느냐. 옛사람은 중생하기 이전의 사람으로 하나님의 영이 없는 사람이다. 구원받지 못한 사람이며, 죄에 매인 바 되어 죄의 종으로서 사는 사람을 말한다. 그에 반해 새사람은 중생하고 구원받은 사람이다. 창세기에서 사람을 떠나신 하나님의 영은 사도행전에서 사람에게 임하셨다. 오순절에 마가의 다락방에서 일어난 성령강림 사건을 통하여 새사람의 시대가 도래한 것이다.

그런데 여기서 꼭 알아두어야 할 것이 있다. 옛사람은 죽고 없는 사람이라는 것이다. 우리가 중생해서 새사람이 되었는데도 불구하고 자꾸 죄의 행동을 해서 헷갈릴 뿐이다. 죄의 행동을 하는 것, 곧 죄를 짓는 것은 옛사람이 살아 있어서가 아니다. 옛사

람의 구습으로 인해 죄의 행동을 할 뿐이다.

²²너희는 유혹의 욕심을 따라 썩어져 가는 구습을 따르는 옛사람을 벗어 버리고 ²³오직 너희의 심령이 새롭게 되어 ²⁴하나님을 따라 의와 진리의 거룩함으로 지으심을 받은 새사람을 입으라 _엡 4:22-24

거듭 태어난 우리는 의인이다. 비록 여전히 죄의 행동을 한다고 할지라도 이제는 죄인이 아니다. 중생한 우리는 본질이 바뀐 사람이다. 새사람이 된 것이다. 예수 그리스도의 이름으로 세례를 받고 죄 사함을 받아 성령님이 임재하시는 우리는 새사람이다. 새사람이 죄의 행동을 한다고 해서 새사람의 정체성이 없어지는 것도 아니다. 예수 그리스도께서 흘리신 십자가의 보혈로 인해 바뀐 정체성은 우리의 행위로 변화되지 않는다.

⁶우리가 알거니와 우리의 옛사람이 예수와 함께 십자가에 못 박힌 것은 죄의 몸이 죽어 다시는 우리가 죄에게 종 노릇하지 아니하려 함이니 ⁷이는 죽은 자가 죄에서 벗어나 의롭다 하심을 얻었음이라
_롬 6:6-7

이 말씀은 옛사람이 이미 십자가에 못 박혀 죽고 없다는 것을 정확히 말씀하고 있다. 우리는 하나님의 영으로 인해 중생했고 새사람이 되었다. 따라서 또 옛사람일 수 없다. 죄를 지을 수는

있지만, 우리의 정체성이 바뀌어 옛사람이 될 수는 없는 것이다. 옛사람은 죽고 없는 사람이다.

신약성경은 인간 존재를 내적 실재와 외적 실재로 구분하면서, 이를 속사람과 겉사람이라는 표현으로 명확히 말씀한다. 사도 바울은 이 두 개념을 대조적으로 사용함으로써, 중생 이후에도 존재하는 영적 갈등과 변화의 과정을 설명했다.

속사람은 하나님의 성령에 의해 거듭난 인격의 중심이다. 속사람은 중생의 결과일 뿐 아니라, 자기 부인과 십자가의 길을 자발적으로 수용한 내면의 사람이다. 하나님을 향해 열려 있는 영적인 자아로서 하나님의 뜻과 말씀에 순복하며, 예수 그리스도의 십자가 앞에 자기를 부인하는 삶을 살아가는 존재다. 그러므로 속사람은 그리스도와의 연합 속에서 점진적으로 새로워지며, 성령의 열매를 맺는 삶을 지향한다.

반면에 겉사람은 여전히 육체의 본성과 옛 자아의 잔재가 작동하는 사람이다. 겉사람은 하나님보다 자기 자신, 자신의 감정과 욕망, 그리고 세상의 가치 등에 민감하게 반응하는 실존적 태도를 가진 사람이다. 그런데 중생한 신자라 할지라도, 그 안에는 과거의 사고방식, 감정의 반응, 그리고 세속적 욕망이 여전히 남아 있다. 겉사람이 남아 있는 것이다. 겉사람은 중생한 신자 안에서 여전히 십자가에 못 박히지 않은 자기의식으로 기능하며, 신자가 거룩으로 나아가는 길에서 갈등과 저항을 일으킨다. 따라서 중생했다 하더라도 곧바로 속사람으로의 삶을 완전히 보장하지는 않는다. 중생 이후의 신자는 속사람을 따르되, 겉사람을 날마다 십자가에 못 박는 삶을 살아야 한다. 이 과정은 성령의 역사와 인간의 순종이 함께 작동하는 성화의 여정이다.

결론적으로, 속사람과 겉사람은 단순히 구원받은 자와 아닌 자의 차이로 구분되지 않는다. 중생한 자 안에 존재하는 두 실재의 대립이며, 그에 따른 삶의 방식의 차이로 보아야 한다. 속사람은 그리스도 중심의 삶이고, 겉사람은 자기중심의 삶이다. 성도는 속사람으로 사는 자로 부르심을 받았다. 이는 자기를 십자가에 못 박고, 날마다 새롭게 되는 삶의 방향성을 가져야 함을 의미한다.

이와 같은 일은 왜 생길까? 우리는 이미 새사람이 되었지만, 새사람 안에서 속사람과 겉사람이 늘 싸우고 있기 때문이다. 그래서 우리 자신을 온전히 하나님께 드리지 못한다. 그러나 우리는 이 말씀대로 우리 몸을 산 제물로 드리며, 마음을 새롭게 하여 변화를 받아 하나님의 뜻을 분별해야 한다.

[1]그러므로 형제들아 내가 하나님의 모든 자비하심으로 너희를 권하노니 너희 몸을 하나님이 기뻐하시는 거룩한 산 제물로 드리라 이는 너희가 드릴 영적 예배니라 [2]너희는 이 세대를 본받지 말고 오직 마음을 새롭게 함으로 변화를 받아 하나님의 선하시고 기뻐하시고 온전하신 뜻이 무엇인지 분별하도록 하라 _롬 12:1-2

우리는 중생하여 거듭 태어난 후에도 '개인의 의'가 끊임없이 올라온다. 그런 이유로 새사람이 된 이후에도 속사람의 삶을 살지 못하고 겉사람의 삶을 살아간다. 죄의 영향력 때문이다. 평생 자기의 생각, 감정, 경험에 의한 삶을 살아온 탓이다. 그래서 그 행동 양식을 통하여 죄의 행위를 하게 하는 것이다. 머리로는 '이래서는 안 되는데'라고 생각하지만, 생각은 그렇게 하면서도 몸은 전혀 다른 행동을 하곤 한다. 그러므로 우리는 하나님의 자녀로서, 성령님의 인도를 받아 믿음의 선한 싸움을 해야 한다. 하나님의 뜻을 분별하고 이루어가야 하는 것이다.

우리가 하나님의 뜻을 이루기 위해서는 우리의 속사람이 겉사람을 뚫고서 나타나야 한다.

> 그러므로 우리가 낙심하지 아니하노니 우리의 겉사람은 낡아지나 우리의 속사람은 날로 새로워지도다 _고후 4:16_

우리가 세례를 받고 그리스도인이 되었다면 영적으로 깨어 있어야 한다. 그렇지 못하면 과거의 구습에 따라 겉사람으로 살 수밖에 없다. 영적으로 깨어 있을 수 있는 지름길이 바로 회개하는 것이다. 우리는 회개를 통해 속사람의 삶을 살아가야 한다. 그렇지 못하면 겉사람의 삶을 살 수밖에 없다. 우리가 늘 삶 가운데서 회개하는 삶을 살아야 하는 이유가 여기에 있다.

◇◇◇ 회개의 6단계:
어둠의 일몰을 영적 센서로 인지하는 단계

우리가 살고 있는 이 땅은 인간의 타락으로 인해 마귀에게 통치권이 넘어갔다. 이 땅이 눈으로 보기에 아름다울지는 모르지만, 영적으로는 마귀의 권세가 있는 매우 어두운 세상이다. 마귀들이 우리를 호시탐탐 노리는 위험성이 가득한 곳이다. 마귀들은 특히 삼킬 그리스도인을 늘 찾아다닌다.

> 근신하라 깨어 있으라 너희 대적 마귀가 우는 사자 같이 두루 다니며 삼킬 자를 찾나니 _벧전 5:8

기독교인 중에 혹시 이렇게 생각하는 분이 있을지도 모르겠다. '우리는 예수님으로 인해 구원을 받았다. 그러므로 마귀는 불신자들은 공격할지라도 기독교인들은 공격하지 못한다'라고 말이다. 그렇지 않다. 하나님의 생명이 없는 세상 사람들은 어차피 이미 마귀들의 밥이다. 그들은 마귀들이 아무 때나 마음대로 할 수 있다. 삼키기 위해 굳이 찾아다닐 이유가 없다. 마귀가 찾는 대상은 하나님의 생명이 있는 기독교인들이다. 이 사실을 잊지 말아야 한다. 그런 면에서 마귀가 우리를 공격하는 징후를 사전에 인지하면, 우리가 이 땅에 복음을 전하는 데 큰 도움이 되기도 한다.

그리스도인일지라도 사람이므로, 이런 경험이 대부분 있다.

전혀 인지하지 못하고 있다가 어떤 상황 속에서 '어어…' 하는 어느 순간, 마음속에서 올라오는 감정을 주체하지 못할 때를 경험하는 것이다. 그러면 보통 때라면 상상할 수 없는 험한 말과 행동을 한다. 경우에 따라선 통제 불능의 상태가 될 수도 있다. 이럴 때는 감정이 다양한 형태로 나타난다. 분노, 두려움, 미움, 질투, 음란 같은 부정적인 감정이다. 그런 감정을 주체하지 못하고 말과 행동으로 쏟아내는 것이다. 그래 놓고 시간이 지난 후에 후회하며 자신을 질책한다. 하지만 이미 엎질러진 물이다. 되돌릴 수 없는 상황이 되어버렸다. 그런 상황이 수습되거나 어떤 형태로든 봉합되면 좋겠으나, 대부분은 그럴 수 없다. 자신과 주변 사람들에게 이미 씻을 수 없는 상처를 준 다음이다. 그런 일을 행한 사람은 그 일로 마귀들이 역사하는 '죄의 통로'가 되고 말았다. 하나님의 자녀라면 은혜의 통로가 되어야 하는데, 오히려 마귀의 통로가 된 것이다. 마귀는 그것을 노리고 있다. 그래서 그런 일은 사실 죄, 곧 마귀의 공격을 받은 것이다.

공격받은 자신의 상태를 스스로 깨닫기라도 할 수 있다면 감사한 일이다. 대부분은 자신이 마귀의 공격을 받았다는 사실조차 깨닫지 못한다. 뒤늦게 후회하며, 마치 떠나버린 버스를 멀리서 바라보는 것처럼 멍하니 자신을 바라보게 된다.

> 내가 행하는 것을 내가 알지 못하노니 곧 내가 원하는 것은 행하지 아니하고 도리어 미워하는 것을 행함이라 _롬 7:15

이런 일은 죄로 인하여 자신뿐 아니라 주변 사람들을 영적으로 오염시키는 것이다. 그로 인해 생긴 상처는 상처를 준 당사자든 상처받은 상대방든 모두를 힘들게 한다. 상처가 심하면 아예 사회생활을 하지 못하는 경우도 있다. 안타깝지만, 지나간 시간과 사건을 어떻게 하겠는가? 우리가 할 수 있는 일은 별로 없다. 그러나 죄의 공격과 같은 상황을 사전에 알고서 대처할 수는 없을까? 그 방법은 역시 회개에 있다. 깊숙한 회개를 통하면 죄의 공격을 사전에 인지할 수 있기 때문이다.

깊은 회개는 어둠의 일몰(EENT)을 인지할 수 있다

낮이 지나고 해가 지면 밤이 온다. 그런데 밤이 되는 시간은 해가 지는 시간과 일치하지 않는다. 해가 졌다고 바로 밤이 되지 않는다. 일정 시간이 지난 후에야 어둠이 찾아온다. 어둠이 찾아오는 시간은 매일 다르다. 비가 오거나 구름이 많은 날은 더 일찍 어두워진다. 반대로 날씨가 깨끗하면 어둠이 찾아오는 시간은 더 늦어진다. 또한 육지보다 바다에서 밤이 오는 시간이 늦다. 맑은 날을 기준으로, 바다에서는 해가 진 후 48분 후에 밤이 온다고 한다. 그렇게 해가 진 다음 어둠이 찾아와 '이 시간부터 밤이다'라고 느껴지는 그 찰나의 시간, 즉 일몰(日沒)을 해상박명종(海上薄明終)이라고 한다. 영어로는 EENT(End of Evening Nautical Twilight)라고 한다.

신앙생활도 똑같지는 않지만, 비슷한 상황이 늘 벌어진다. 우리는 언제나, 은혜의 믿음 아래 있지 않으면 죄 아래에 놓여 있다. 영적으로 빛 가운데 있거나, 아니면 어둠 속에 있다는 뜻이다. "내가 은혜 아래 있는 것 같지는 않은데, 그렇다고 죄 아래 있는 것도 아닌 것 같아." 이런 말은 없다. 은혜 아래 있지 않으면 죄 아래 있는 것이다.

> 의심하고 먹는 자는 정죄되었나니 이는 믿음을 따라 하지 아니하였기 때문이라 믿음을 따라 하지 아니하는 것은 다 죄니라 _롬 14:23

그러면 어디까지가 믿음 아래에 있는 것이고, 어디까지가 죄 아래에 있는 것인가? 믿음 아래에 있다는 건 하나님의 통치 아래에 있어서 죄의 영향을 받지 않을 때이다. 그렇다면 우리 삶이 온전히 하나님의 은혜 아래에 있지 못하고 죄의 영향력 아래에 놓이게 되는 시점은 언제부터일까? 그 시점은 죄가 우리를 속여서 죄가 주는 생각대로 말하고 행동할 때부터다. 마귀는 생각을 통해서 기독교인들을 속인다. 우리는 그 순간을 정확히 인지해야 한다. 그 순간을 인지하지 못하면 점차 더 깊은 죄 속으로 들어가게 된다.

우리가 죄에 속는 순서는 이와 같다. 처음에는 생각에 영향을 주는 단계로 시작된다. 그 첫 단계를 인지하지 못하면 죄가 생각에 달라붙는 단계로 발전한다. 결국 죄에 사로잡혀 버리는 단계가 된다. 그러므로 우리는 생각으로 죄의 영향을 받는 단계 때부터 차단해야 한다. 그렇지 않고 다음 단계로 넘어가면 힘들어진다. 의학적으로 여러 가지 정신병에 해당하는 경우가 사실은 이 단계 중에서 마지막에 해당한다. 모든 질병이 그러하듯, 영적인 것도 초기에 처리해야 힘이 덜 든다. 특히 죄와 관련해서는 더욱 그렇다. 사람들 가운데 정상적인 사고를 하지 못하는 경우의 대부분은 마귀 즉, 죄로 인한 것이다.

> 그들의 총명이 어두워지고 그들 가운데 있는 무지함과 그들의 마음이 굳어짐으로 말미암아 하나님의 생명에서 떠나 있도다 _엡 4:18
> 그 중에 이 세상의 신이 믿지 아니하는 자들의 마음을 혼미하게 하여 그리스도의 영광의 복음의 광채가 비치지 못하게 함이니 _고후 4:4

회개를 통해 나의 정체성이 하나님의 통치 아래에 있음을 확인하게 되면 그 어둠의 영적 상태를 인지하게 된다. 그리고 영적 일몰(EENT)의 시점 이전에 다시 빛 가운데로 나올 수 있게 된다.
 죄의 영향력에서 빠져나오는 방법은 죄를 물리치는 것이 아니다. 하나님의 통치 안으로 들어가는 것이다. 즉, 하나님 나라 안으로 들어가는 것이다. 회개는 그것을 가능하게 해준다.

> 그가 우리를 흑암의 권세에서 건져내사 그의 사랑의 아들의 나라로 옮기셨으니 _골 1:13
> 죄가 너희를 주장하지 못하리니 이는 너희가 법 아래에 있지 아니하

고 은혜 아래에 있음이라 _롬 6:14

우리는 할 수만 있으면 영적 어둠이 시작되는 '영적 EENT'를 빨리 인지해야 한다. 그래야 죄악 속에 빠지지 않게 된다. 그와 같은 인지력을 가지는 것은 우리가 할 수 있는 일이 아니다. 오로지 성령님 안에 있을 때만 가능하다. 성령님 외에는 우리 마음에 들어오는 죄의 생각과 옛사람의 구습을 통제할 방법이 없다. 우리는 영적 어둠을 벗어나 하나님 통치 안으로 들어갈 그 시점을 인지할 능력이 있는 성령님과 함께하고 있다.

밤이 깊고 낮이 가까웠으니 그러므로 우리가 어둠의 일을 벗고 빛의 갑옷을 입자 _롬 13:12

감정을 통해 공격하는 죄를 인식하라

죄의 공격에 대해 조금 더 구체적으로 알아보자. 우리가 죄에 가장 많이 속는 '레퍼토리'는 무엇일까? 우리의 마음에 흔히 올라오는 더러운 감정들이다. 미워하고 저주하고, 화를 내고 거짓말하고 두려워하는 것 등 엄청나게 많다. 성경은 그것들, 즉 그런 귀신들이 군대처럼 많다고 말씀하신다(눅 8:30). 그런데 우리는 그런 감정들이 죄라고 인지하지 못하고 있다. 단순히 감정의 문제일 뿐이라고 생각한다. 그러나 그것은 분명히 죄의 문제이며, 마귀에게 속는 일이다. 왜냐하면 마귀는 우리 마음의 감정을 통하여 영적 공격을 하기 때문이다. 그런 방법을 통하여 죄가 우리를 속이고, 우리의 영적 삶을 파먹고 있다.

> [19]육체의 일은 분명하니 곧 음행과 더러운 것과 호색과 [20]우상 숭배와 주술과 원수 맺는 것과 분쟁과 시기와 분냄과 당 짓는 것과 분열함과 이단과 [21]투기와 술 취함과 방탕함과 또 그와 같은 것들이라
> _갈 5:19-21상

> [14]그러나 너희 마음속에 독한 시기와 다툼이 있으면 자랑하지 말라 진리를 거슬러 거짓말하지 말라 [15]이러한 지혜는 위로부터 내려온 것이 아니요 땅 위의 것이요 정욕의 것이요 귀신의 것이니 _약 3:14-15

그런데, 단 한 번이라도 그 죄의 공격을 이겨내면 새로운 영적 방어막이 생긴다. 자신의 마음속에 들어오는 감정의 문제가 죄의 문제라는 걸 회개를 통해 깨닫게 되면 새로운 영적 면역체계가 생기게 되는 것이다. 그리고 매우 중요한 사실을 알게 된다. 그 감정의 문제가 죄라는 걸 한 번이라도 인지하고 나면, 다음에는 그 죄의 공격이 약해진다는 것이다.

> 주 여호와의 말씀이니라 이스라엘 족속아 내가 너희 각 사람이 행한 대로 심판할지라 너희는 돌이켜 회개하고 모든 죄에서 떠날지어다 그리한즉 그것이 너희에게 죄악의 걸림돌이 되지 아니하리라
> _겔 18:30

미워하고 험담하는 마음, 걱정하고 두려워하는 마음 등이 회개하고 난 후에는 이전보다 훨씬 약해진다는 것을 알게 된다. 그것이 가능한 이유는 회개를 통한 죄의 공격, 즉 영적 어두움의 징조(EENT)를 인식해서다. 회개를 통해 정결케 된 우리는 성령님 안에 들어가 있게 된다(골 3:3). 그래서 우리는 '아, 이것이 죄의 영적 공격이구나'라고 사전에 인지하는 것이다. 죄는 우리를 속이기 때문에, 우리가 속고 있다는 걸 깨닫는 순간부터 죄는 우리에게서 멀어진다.

회개는 우리를 영적으로 정결하게 한다. 회개를 하고 나면 죄에 대해 그만큼 민감해진다. 죄의 공격을 쉽게 감지한다는 뜻이다. 죄는 우리가 인지하는 만큼 약해진다. 그러다 결국에는 잠시 우리를 떠나간다. 예수님을 공격하던 "마귀가 모든 시험을 다 한 후에 얼마 동안 떠나니라"(눅 4:13)라는 말씀과 같다. 다만 반드시 알아두어야 할 것이 있다. 감정의 문제가 죄의 문제라는 걸 깨닫는 것이 '개인의 의'로는 안 된다는 것이다. 율법으로도 안 된다. 오직 성령에 의해서만 가능하다. 영적인 문제는 혼이나 육으로 알 수 없기 때문이다. 영적인 일은 오직 영으로만 분별이 가능하다(고전 2:13). 오로지 성령으로만 죄 문제를 인식할 수 있다. 우리는 성령의 감동으로 회개만 할 뿐이다. 다시 말하지만, 율법이나 '개인의 의'로 회개하면 죄에 대해 영적 방어 능력이 전혀 없다. 오히려 더 강하게 넘어질 뿐이다.

> 그가 와서 죄에 대하여, 의에 대하여, 심판에 대하여 세상을 책망하시리라 _요 16:8
>
> 그러므로 율법의 행위로 그의 앞에 의롭다 하심을 얻을 육체가 없나니 율법으로는 죄를 깨달음이니라 _롬 3:20

우리가 성령의 권능으로 죄를 이긴다 하더라도 마귀가 우리를 완전히 떠나지는 않는다. 나중에 또 다른 '레퍼토리'로 바꾸어 영적으로 공격한다. 그렇지만 당장은 더 공격하지 못한다. 결국 우리는 회개를 통해 예수 그리스도께서 주시는 힘으로 영적 승리를 거두게 되는 것이다. 그러면서 한 걸음 더 성화의 길로 나가게 된다. 성령의 감동을 통한 회개는 죄가 주는 영적 어둠의 EENT를 정확히 인지할 수 있다. 그래서 회개가 기독교인의 삶에서 중요하다.

그러면 반대로, 죄가 주는 감정을 우리가 이겨내지 못하면 어떻게 될까? 그렇게 되면 죄의 악한 영향력이 우리 심중에 차곡차곡 쌓이게 된다. 쌓인 것으로 인해 비슷하거나 같은 죄의 공격에 더 심한 상처를 입는다. 어느 순간에는 영적 회복력을 완전히 잃어버린다. 마치 '탄성의 한계'를 넘어서는 것과 같게 된다. 잡아당겨 늘어난 스프링처럼 제자리로 돌아가지 못하는 것이다.

> 예수께서 이르시되 아직 잠시 동안 빛이 너희 중에 있으니 빛이 있을 동안에 다녀 어둠에 붙잡히지 않게 하라 어둠에 다니는 자는 그

가는 곳을 알지 못하느니라 _요 12:35

이런 상태에 이르면 죄에 완전히 사로잡히게 된다. 그런 사람은 정신적으로 육체적으로 건강까지 잃게 된다. 더 안타까운 일은 마귀의 공격에 그 자신만 망가지는 것이 아니라는 것이다. 그가 사랑하는 가족과 친지 등 주변의 모든 사람의 마음에도 큰 어려움을 주게 된다는 점이다. 사랑의 관계가 깊었던 사람일수록 더 어렵고 큰 상처를 입게 된다. 이것이 또한 마귀가 우리를 영적으로 공격하는 이유 중 하나다.

불신자들은 어쩔 수 없다. 그렇지만 마귀의 전략을 알게 된 기독교인들은 죄가 주는 영적 공격에 미리 대응해야 하지 않겠는가? 그 대응 방법이 회개다. 회개를 통해 죄의 영적 어둠의 EENT를 정확히 인지하고 영적 전쟁에서 승리해야 한다. 그리하여 기독교인은 자신의 인간관계 안에 있는 모든 사람에게 하나님의 복음을 나눌 수 있어야 한다.

거듭 태어난 우리는 복음에 빚진 사람들이다. 그래서 모든 사람이 하나님 나라에서 통치받는 삶을 살 수 있도록 해야 한다. 그것을 이루는 첫걸음은 감정을 통해서 공격해 오는 죄의 문제를 회개를 통해 이겨내는 것이다. 마귀가 주는 간계를 우리가 이기는 영적인 힘은 하나님께서 주시는 것이다. 그 힘은 회개에서 나온다.

¹⁰끝으로 너희가 주 안에서와 그 힘의 능력으로 강건하여지고 ¹¹마귀의 간계를 능히 대적하기 위하여 하나님의 전신갑주를 입으라

_엡 6:10-11

어둠의 일몰을 인지하면 어려운 상황을 피하게 된다

우리는 죄가 계획하는 상황을 미리 예방할 수 없을까? 쉽지는 않지만, 일정 부분은 가능하다. 그 방법은 회개를 통해 영적 분별력을 최대한 끄집어 올리는 것이다.

회개는 처음에는 죄에서 돌이키는 것으로 시작하지만, 회개의 깊이가 깊어지면 우리의 영적 정체성을 확인하는 자리로 바뀌게 된다. 영적 정체성을 확인한다는 말의 의미는 우리가 예수 그리스도 안에 있다는 것을 확인한다는 것이다. 처음에는 의지로 회개를 시작해도 결국에는 성령의 감동 안으로 들어가게 된다. 회개가 깊어지면 완전히 성령의 인도함 속으로 들어가게 되는 것이다. 그런 영적 상태는 죄의 영향력이 거의 사라진 것이다. 그렇게 되면 하나님의 감동이나 말씀이 나에게 임한다. 죄와 관련된 일들이 내게 다가오면 영적으로 피할 수 있게 된다. 성령께서 우리를 사로잡게 되면 성령의 영적인 예지력이 우리를 통해서 나타난다는 뜻이다.

그러나 진리의 성령이 오시면 그가 너희를 모든 진리 가운데로 인도하시리니 그가 스스로 말하지 않고 오직 들은 것을 말하며 장래 일

을 너희에게 알리시리라 _요 16:13_

이런 능력은 결코 우리의 능력이 아니다. 성령의 능력이다.

내게 회개가 깊어지던 어느 날이었다. 협력해서 컨설팅 사업을 하던 컨설팅 회사의 대표에게서 연락이 왔다. 꽤 큰 상권의 상가 건물에서 컨설팅 의뢰가 왔는데, 여러 조건이 좋으니 함께 해보자는 제안을 했다. 내용을 들어보니 내가 할 수 있는 영역이 많고 금액도 좋았다. 긍정적으로 답하고 제안서를 준비했다. 그리고 이튿날 새벽 기도 후에 회개하는데, 이상하리만큼 부정적인 감동이 올라왔다. 그건 일시적인 감동이 아니었다. 다음날도 마찬가지였다. 성령께서 그 일을 하지 말라는 뜻이었다. 기도 시간 후, 그 대표에게 함께하지 못하겠다고 연락했다. 그는 난감해했다. 다른 사람은 하기 힘든 각종 조사에 대한 부분을 내가 하기 때문이다. 물론 내가 그 일에 동참하지 못하는 이유가 성령님의 감동 때문이라고 말하지는 않았다. 그가 무신론자이기도 해서였지만, 그것까지 말하고 싶지는 않았다.

그 대표는 내 연락을 받고서 부랴부랴 다른 사람을 찾아 제안서를 냈으나, 결국 일은 성사되지 못했다. 그는 내게 불편한 생각을 숨기지 않았다. 자신의 회사 여건상 꼭 했어야 할 일이라며 아쉬워했다. 그런데 몇 달 후, 그 대표에게서 식사나 한번 하자고 전화가 왔다. 만나보니 얼굴이 무척 밝았다. 내용을 들어보니, 우리가 하기로 했던 그 일을 맡았던 업체가 곤욕을 치렀다는 것이다. 의뢰자가 일하는 내용에 대해 사사건건 트집을 잡았고 결재도 하지 않았다는 것이다. 결국 일은 틀어지고, 함께 일한 사람들의 인건비를 포함해 손해가 적지 않았다고 한다.

그즈음 내게는 그 일뿐 아니라 삶 가운데에서 소소하게 영적 어둠을 피하는 일이 많이 생겼다. 차로 이동할 계획이었는데 갑자기 전철로 이동하라는 감동을 받는 일도 있었다. 나중에 알고 보니 사고로 길이 막혀 시간 내에 도착하지 못할 것을 피하게 해 주신 일이었다. 소소한 일일지라도 삶에는 모두 소중한 은혜다.

회개는 영적 여명의 시간을 열어준다

어두움이 아침으로 바뀌는 시점은 당연히 해가 뜨기 전이다. 해가 뜨기 전에 빛이 어둠을 뚫고 나타나기 시작하면서, 날이 희미하게 밝아 오는 여명(黎明)의 순간이다. 정확한 용어는 해상박명초(海上薄明初)라고 한다. 영어로는 BMNT(Begin Morning Nautical Twilight)라고 부른다.

여명(BMNT)의 시간은 일몰(EENT)과 정반대로 바다에서 청명한 날을 기준으로 해가 뜨기 48분 전이다. 해가 뜨기 전에 어둠이 사라지기 시작하고, '이 시간부터 아침이다'라고 느껴지는 찰나의 시간이다.

땅의 시간을 기준으로 하는 BMNT는 밤에서 아침으로 바뀌는 순간이다. 영적으로도 그와 같은 순간이 있다. 영적 어둠이 사라지고 하나님의 영광의 빛이 시작되는 시점이다. 영적 여명의 순간인 것이다. 예수님께서 공생애를 시작하시기 전에 나타난 요한과 같다.

> ⁶하나님께로부터 보내심을 받은 사람이 있으니 그의 이름은 요한이라 ⁷그가 증언하러 왔으니 곧 빛에 대하여 증언하고 모든 사람이 자기로 말미암아 믿게 하려 함이라 ⁸그는 이 빛이 아니요 이 빛에 대하여 증언하러 온 자라 ⁹참 빛 곧 세상에 와서 각 사람에게 비추는 빛이 있었나니 ¹⁰그가 세상에 계셨으며 세상은 그로 말미암아 지은 바 되었으되 세상이 그를 알지 못하였고 _요 1:6-10_

하나님은 세상을 비출 빛이 이 땅에서 시작되기 전에 요한을 먼저 보내셨다. 그리고 그 길을 예비하게 하셨다. 요한이 사역을 시작한 것은 빛이 아직 오지 않았지만 여명이 시작되었음을 알리는 사건이었다. 요한의 사역 뒤에 예수님의 빛이 이 땅을 비추기 시작했다. 어둠을 밝히기 위해 요한을 준비하신 것이고, 영적 여명의 순간이 시작됨을 알게 하신 것이다.

우리는 오순절 마가의 다락방 사건 이후, 영적 어두움 속에서도 성령님을 통해 영적인 빛을 비추는 삶을 살고 있다. 거듭 태어난 우리가 지금 이 땅에서 사는 것은 영적으로 어두운 세상에 하나님의 빛을 비추는 통로로서의 삶을 사는 것이다. 그러므로 우리의 삶은 하나님의 영광의 통로가 되어 복음의 빛을 전하는 것이다. 그 삶이 온전히 이루어지기 위해서는 영적으로 늘 정결해야 한다. 그런 의미에서 영적 어두움을 알리는 어두움의 일몰(EENT)의 순간을 인지하는 것이 중요하다. 반대로 영적 빛이 비치는 빛의 여명(BMNT)의 순간을 인지하는 것 역시 매우 중요하다. 왜냐하면, 영적 어두움에서 빠져나오는 순간은 하나님 나라의 통치가 시작되는 시점이기 때문이다. 그때는 죄의 통치가 사라지는 시점일 뿐 아니라, 하나님의 영광이 충만해지는 순간이다. 하나님께서 온전히 역사하시는 부흥의 시작점이기도 하다.

성령께서 우리를 온전히 사로잡고서 역사하심을 다른 말로 성령 충만이라고 한다(행 4:31, 7:55). 성령님은 우리의 옛사람의 구습을 없애주고, 하나님의 통치가 이루어지는 삶을 살게 하신다. 각각의 성도 한 사람 한 사람이 성령 충만으로 성령님께 사로잡힐 때, 그때부터 죄의 영향력이 사라진다. 이를 다른 말로 하면 개인의 부흥이 시작되는 것이다.

> 너희가 전에는 어둠이더니 이제는 주 안에서 빛이라 빛의 자녀들처럼 행하라 _엡 5:8

이 부흥은 인간의 영역이 아니다. 영이신 하나님의 영역이다. 부흥은 하나님께서 강하게 역사하신다는 말과 동일하다. 그 일은 우리가 성령께 온전히 사로잡힐 때라야만 가능하다.

성령님은 하나님이시다. 하나님은 죄와 함께하실 수 없는 분이시다. 하나님께서 우리를 떠나셨던 것은 우리의 죄 때문이었다(레 16:1-10).

> ⁴주는 죄악을 기뻐하는 신이 아니시니 악이 주와 함께 머물지 못하며 ⁵오만한 자들이 주의 목전에 서지 못하리이다 주는 모든 행악자를 미워하시며 _시 5:4-5

우리가 영적으로 성령께 사로잡힌 바 되기 위해서는 죄로부터 자유로워져야 한다. 그러자면 어두움에서 하나님의 영광 안으로 옮겨지는 회개를 해야 한다. 회개를 통해 영적 여명을 인지하고, 성령님의 인도하심 속으로 들어가야 한다.

회개는 개인의 의지로 시작하더라도, 결국 하나님의 감동으로 회개하게 된다. 그래서 우리는 모두 하나님의 감동으로 영광의 빛 가운데로 옮겨지는 것이다.

> 거역하는 자를 온유함으로 훈계할지니 혹 하나님이 그들에게 회개함을 주사 진리를 알게 하실까 하며 _딤후 2:25

하나님의 영광으로 인하여 어두움이 사라지고 나면, 그곳에 영적 부흥이 찾아온다.

> 여호와는 나의 빛이요 나의 구원이시니 내가 누구를 두려워하리요 여호와는 내 생명의 능력이시니 내가 누구를 무서워하리요 _시 27:1

그 영적 부흥의 시발점이 영적인 여명이다. 그래서 예수님께서 공생애 사역을 시작하시면서 우리에게 말씀하신 것이 바로 회개였다. 하나님의 나라가 지금 우리가 살고 있는 이 땅에 온전하게 임하게 되는 첫걸음이자 열쇠가 회개라고 말이다(막 1:15). 회개는 하나님의 통치를 여는 열쇠다.

하나님 나라는 우리가 살고 있는 이 땅, 이 차원의 세상이 아니다. 영의 세계다.

> 예수께서 대답하시되 내 나라는 이 세상에 속한 것이 아니니라 만일 내 나라가 이 세상에 속한 것이었더라면 내 종들이 싸워 나로 유대인들에게 넘겨지지 않게 하였으리라 이제 내 나라는 여기에 속한 것이 아니니라 _요 18:36_

그 영의 세계가, 그 하나님 나라가 지금 우리가 살고 있는 이 세계에 임하는 것이다.

영적 여명은 회개하는 사람의 상황에 따라 각각 다르게 임한다. 말씀 중에 임할 수도 있고, 무어라 말할 수 없는 기쁨의 어느 순간에 임하기도 하고, 방언 찬양 중에 임하는 경우도 있다. 필자의 경험에 비추어 보면, 다 다르다. 하나님께서 우리에게 주시고자 하는 그분의 뜻대로, 그분이 원하시는 시간에, 그분이 원하시는 방법으로 임하신다.

창세기 때 떠나셨던 하나님의 영은 오순절 마가의 다락방에서 시작하여 모든 성도들에게 임하셨다. 그리고 2천 년의 시간을 지나 지금 회개하여 하나님의 영광의 통치 안으로 들어가는 우리 기독교인들에게 임하신다. 그렇게 임하신 주님은 우리를 통해 이 땅을 하나님 나라로 만들기를 원하신다.

◇◇◇ 회개의 7단계: 하나님께서 주시는 새로운 날과 평강을 누리는 단계

회개는 과거에 자신이 저질렀던 죄를 돌이키는 것에서 시작한다. 그러나 회심 후에는 회개가 깊어지면서 예수 그리스도로 인하여 이미 하나님의 자녀가 되었다는 것이 믿어진다. 그런 변화는 우리가 옛사람의 정체성으로 있었을 때는 아무리 발버둥쳐도 깨닫지 못하던 것이다. 옛사람이 나의 의식 체계의 주인으로 있다가 사라지게 되면서 자연스럽게 나타나는 변화다. 성령님께서 임하심으로 자신의 정체성이 새사람으로 변함에 따른 자연스러운 결과다(고후 5:17).

성령님이 인도하시는 회개가 이루어지면 과거에는 소중하게 여겼던 것들에게 더는 마음을 빼앗기지 않게 된다. 자신의 의지와 상관없이 삶이 바뀐다. 그리고 새롭게 변화된 삶을 경험하게 된다. 그 삶은 죄가 우리에게 큰 영향을 끼치지 못하는 삶이다. 회개는 죄가 우리의 심중에 발을 붙이지 못하게 한다.

성령님이 인도하시는 회개가 계속되면 자신을 정죄하는 회개

는 사라진다(롬 8:1-2). 아울러 자신이 하나님의 자녀임을 확인하
는 회개도 횟수가 줄어든다. 왜냐하면, 하나님의 자녀인 것이 그
냥 믿어지고, 그냥 누리는 삶을 살게 되기 때문이다. 그래서 오
히려 하나님께서 주시는 것을 더 누리지 못하는 것을 회개하게
된다. 하나님의 통치 안에 거하지 못하는 삶에 대해 회개하게 되
는 것이다. 아울러, 각 사람에게 주시는 은사의 깊이가 더해진다.
그리고 무엇보다 중요한 것, 즉 하나님께서 주시는 새로운 날과
평강이 이어지게 된다. 이렇게 되는 단계의 회개가 바로 7단계
의 회개다.

우리에게는 모두 하나님께서 주신 은사와 달란트가 있다. 그
모든 것이 더 충만해진다. 다만 차이가 있다면, 각 개인의 믿음
의 두께만큼 차이가 있을 뿐이다.

> 그러므로 누구든지 이런 것에서 자기를 깨끗하게 하면 귀히 쓰는 그
> 릇이 되어 거룩하고 주인의 쓰심에 합당하며 모든 선한 일에 준비함
> 이 되리라 _딤후 2:21

회개가 영적 깊이를 더한다

7단계의 회개가 나의 삶 가운데 적용될 때쯤의 일이다. 성경의
어느 말씀이 궁금해져 회개의 시간 후에 하나님께 여쭌 적이 있
다. 고린도전서 2장과 3장에 나오는 세 종류의 사람, 즉 '육에 속
한 사람'(고후 2:14), '육신에 속한 사람'(고후 3:1), '신령한 자'(고후

2:15)들에 대해 궁금해서였다.

　먼저 이 세 종류의 사람에 대해 정리하면 다음과 같다. '육에 있는 사람'은 불신자를 말한다. 즉, 하나님의 생명이 전혀 없는 사람이다. 그에 반하여 '육신에 있는 사람'은 세례도 받고, 예배도 드리고, 성령님도 임하셨는데, 세상과 하나님 사이를 왔다 갔다 하는 사람이다(고후 3:3). 바울은 이런 사람을 대할 때 어린아이를 대함같이 한다고 말했다. '신령한 자'는 성령님에게 온전히 사로잡혀 사는 사람을 말한다. 이런 사람은 하나님의 성품이 삶에 온전히 나타나는 사람이다..

　여기에서 궁금증이 생긴다. '육에 속한 사람'은 기독교인들이 아니니 제외해 놓기로 하자. 불신자를 제외하고, 어떻게 모든 기독교인을 그렇게 '육신에 있는 사람'과 '신령한 사람' 두 부류로만 설명할 수 있는가 하는 점이다. 세례받고 신앙생활을 하는 기독교인은 모두 육신에 속한 사람 아니면 신령한 사람이라는 뜻인데, 너무 광범위하지 않은가? 만약 우리가 이 두 부류 중에서 하나에만 있다면, 그 안에서는 영적 상태가 다 같다는 말인가? 아무리 생각해도 실제로는 그럴 수 없다. 기독교 신앙을 가진 모든 사람을 이 두 부류로 다 설명한다는 것은 무리가 있다고 생각된다. 같은 부류 안에서도 당연히 영적으로는 차이가 많을 것이다. 신령한 자는 신령하니 아예 차이가 없다고 할 수도 있겠다. 그러면 육신에 속한 사람은 어떨까? 영적으로 모두 같은 수준일까?

어느 날 새벽에 하나님께 진지하게 여쭈어보았다. 잠시 후 하나님께서 환상을 보여주셨다. '잉크 물' 환상이었다. '육에 속한 사람'에 대해서는 그냥 투명한 물을 보여주셨고, '신령한 자'에 대해서는 100퍼센트로 진한 잉크를 보여주셨다. '육신에 속한 사람'에 대해서는 물에 희석된 잉크의 농도에 따라 여러 농도의 물을 차례로 보여주셨다. 맹물에 가까운 옅은 색의 물부터, 거의 잉크 원액에 가까워 색이 진한 물도 있었다. 말하자면 왼쪽에서 오른쪽으로, 잉크가 점점 더 진하게 섞여 있는 '잉크 물'의 그릇들을 보여주신 것이다. 그리고 내가 회개를 하는 동안, 연했던 물 색깔이 점점 짙어지는 걸 보여주셨다. 그때 나는 깨달았다. 회개가 우리의 영적 상태를 '신령한 자'로 이끈다는 것을 말이다. 구원을 온전히 이루기 위해 회개가 필수임을 보여주신 것이다.

> 하나님의 뜻대로 하는 근심은 후회할 것이 없는 구원에 이르게 하는 회개를 이루는 것이요 세상 근심은 사망을 이루는 것이니라 _고후 7:10_

우리는 새사람으로 거듭 태어났어도 늘 100퍼센트 성령 충만한 잉크 물 같은 영적 상태를 유지할 수 없다. 영적으로 아무리 성령 충만한 상태라 하더라도 살면서 죄의 영향을 받아 영적 상태가 나빠지게 된다. 그래서 사도 바울조차 죄에 시달리는 모습을 보였다(롬 7장). 또한 거듭 태어나 새사람이 되었다 할지라도 처음부터 항상 속사람의 상태로 살아갈 수 없다. 겉사람으로 사는 모습을 보일 때도 있다. 이것이 성화를 이뤄가는 과정이라고 할 수 있다. 그래서 하나님은 내게 옅은 색의 잉크 물처럼 영적으로 안 좋은 상태가 되면 회개해야 한다는 것을 보여주신 것이다. 회개를 통해 성령 충만한 상태, 즉 짙은 잉크 물에 도달할 수 있게 하라고 말이다. 바꿔 말하면, 회개를 통해 하나님 나라의 온전한 통치를 받는 삶을 살라고 알려주신 것이다. 신령한 자로서의 성화된 모습은 회개를 통해서만 가능하다고 알려주신 것이기도 하다.

하나님 나라의 평강으로 인도한다

우리에게 온전히 회개가 이루어지고 나면 하나님께서 주시는 말할 수 없는 평강이 임한다. 그런데, 그 평강이 우리에게 임했다 하더라도 지속적으로 이어지지는 않는다. 영적으로 어떤 상태를 유지하느냐에 따라 달라진다. 또한 얼마나 회개를 계속 하느냐에 따라서도 달라진다. 무엇보다 하나님께서 인도하시는 회개가 이루어졌느냐, 못 이루어졌느냐에 따라 달라진다. 왜냐하면, 회개는 우리가 하지만, 회개를 이끌어주시고 받아주시는 분은 하나님이시기 때문이다(행 11:18).

나는 오랜 시간에 걸쳐 하루가 멀다 하고 회개했다. 회개에 집중적으로 매달린 기간도 상당히 길었다. 그런데 처음에는 회개할 때마다 하나님께서 부어주시는 기쁨과 평강을 항상 누리지는 못했다. 아무리 회개해도 맹숭맹숭하고 밋밋한 마음만 가득할 때도 많았다. 그래서 어떤 날은 "오늘따라 왜 저의 회개를 받아 주시지 않는 거예요?"라며 두 발을 구르고 발버둥치기도 했다. 어떤 날은 대굴대굴 구른 적도 있었다. 그러나 하나님께서 인도해 주시는 회개가 이루어질 때는 하나님께서 주시는 평강을 누렸다. 회개의 자리에서뿐 아니라 삶 속에서도 누렸다. 그 평강은 예수님께서 부활하신 후 제자들에게 부어주셨던 평강과 다르지 않다고 확신한다.

> 이 말을 할 때에 예수께서 친히 그들 가운데 서서 이르시되 너희에게 평강이 있을지어다 하시니 _눅 24:36
> 여드레를 지나서 제자들이 다시 집 안에 있을 때에 도마도 함께 있고 문들이 닫혔는데 예수께서 오사 가운데 서서 이르시되 너희에게 평강이 있을지어다 하시고 _요 20:26

그러면, 그와 같은 평강이 우리에게는 어떻게 임할까? 회개를 통해서 죄의 영향력이 사라지는 만큼, 성령님의 역사하심으로 임한다. 성령님은 하나님이시다. 하나님은 죄와 함께하실 수 없다. 그러므로 우리가 죄의 영향을 받지 않는 만큼 임하시는 것이다. 또한 우리가 영적으로 하나님의 자녀, 즉 하나님 나라의 백성임을 깨닫는 만큼 평강을 누린다. 하나님이 주시는 평강은 하나님 나라의 평강이기 때문이다. 이를 다른 말로 하면, 하나님의 통치가 우리를 온전히 사로잡을 때 평강이 임한다는 말이다. 그 평강은 삶의 여건이나 주변 상황과 전혀 상관이 없다.

내가 회개를 집중적으로 하면서, 하나님께서 주시는 평강이 '이런 것이구나'라고 처음 깨닫고서 누릴 때, 정작 경제적으로는 완전히 바닥에 가 있었다. 아마도 지하 10층 정도에는 가 있었을 것이다. 당시의 어려움은 차마 말로 할 수 없을 정도였다. 그런데도 평강이 임했으니, 이걸 뒤집어 말하면, 오히려 사업이 끝없이 어려울 때 하나님께서 내게 회개를 통해 평강의 위안을 주신 것이다.

하나님께서 주시는 평강은 우리가 스스로 노력해서 가질 수 있는 것이 아니다. 주님께서 주시는 것이다. 우리가 할 수 있는 것은 죄의 영향력을 끊어내고 하나님의 통치가 우리에게 더 이뤄질 수 있게 회개하는 것뿐이다. 그렇다. 우리는 회개하기만 하면 된다. 그 후 우리에게 벌어지는 일은 하나님의 뜻이다. 하나님은 우리의 아버지이시다. 그 아버지께서 우리를 어둠 속으로 인도하지는 않으신다. 그냥 죽게 내버려두지 않으신다. 그러니 우리는 눈앞에 보이는 현실이 아무리 암담하고 힘들어도 하나님 아버지만 의지하면 된다.

하나님은 우리가 모르는, 지금까지는 누릴 수 없던 전혀 새로운 시간과 세상을 준비하고 계신다. 회개를 통한 영적 정결함이 우리를 그 새로운 시간과 세상으로 인도한다. 하나님 아버지는 그런 날을 준비해 놓으셨다.

> 그러므로 너희가 회개하고 돌이켜 너희 죄 없이 함을 받으라 이같이 하면 새롭게 되는 날이 주 앞으로부터 이를 것이요 _행 3:19

새롭게 되는 날이 우리에게 임한다는 말씀은 예수 그리스도께서 우리를 온전히 통치하게 되실 거라는 말씀이다. 이 말씀이 예수님의 재림에 관한 말씀이라는 신학적 견해도 있다. 그러나 우리에게 임하시는 성령님에 대한 말씀이라는 의미임이 더 분명하다. 즉, 회개하면 성령님의 임재하심으로 인해 우리가 하나님의 통치 안에서 살게 된다는 것이다. 그 삶은 이 땅에서 주는 행복이 아니라 '하나님 나라'의 평강을 누리는 삶이다. 그런 삶을 살게 되는 새로운 세상은 우리가 육체적으로 죽은 뒤에 찾아오는 세상이 아니다. 지금 이 땅에서 하나님 나라의 삶을 온전히 누릴 수 있다는 뜻이다.

하나님 나라는 우리가 죽어야만 가는 곳이 아니다. 지금, 이미, 여기에 임해 있다(눅 17:20-21). 그런데 안타깝게도 많은 기독교인이 이것을 누리지 못하고 있다. 이유는 크게 두 가지다. 하나는 회개하지 않기 때문이고, 둘은 미래지향적인 생각에만 사로잡힌 삶을 살기 때문이다. "지금은 힘들지만, 열심히 기도하면 미래의 언제에는 잘 살게 되겠지. 지금은 내 삶에 기쁨과 평강이 없지만, 열심히 기도하면 언젠가는 기쁨과 평강이 내게 오겠지"라고 말이다.

그러나 이것을 알아야 한다. '나중에 언젠가는 잘 되겠지'라는 것에서 '지금 이 순간'은 해당하지 않는다는 생각을 버려야 한다는 것이다. 우리는 지금 하나님의 자녀로서, 하나님께서 지금 주시는 모든 것을 누리는 사람들이다(요일 3:1-2). 미래는 온다. 그러나 그 미래가 막연히 먼 미래는 아니다. 그 미래는 '지금, 이 순간부터 바로'이다.

> 이르시되 내가 은혜 베풀 때에 너에게 듣고 구원의 날에 너를 도왔다 하셨으니 보라 지금은 은혜 받을 만한 때요 보라 지금은 구원의 날이로다 _고후 6:2_

구원의 날이 우리 앞에 펼쳐져 있다는 뜻이다. 회개는 그것을 누리게 해준다.

회개는 '지금, 이 순간부터 바로' 새롭게 되는 날이 우리에게 펼쳐지게 해준다. 하나님께서 우리에게 주시는 하나님 나라의 질서와 통치를 누리게 해준다. 그리고 그 은혜의 삶이 계속 이어지게 해준다. 그런 점에서, 하나님께서 내게 보여주신 '잉크 물'의 환상은 회개의 마지막 단계를 이해하는 데 큰 도움을 주었다.

우리는 하나님께서 주신 것을 마음껏 누리는 삶을 사는 사람이다. 이는 하나님 자녀의 특권이다. 그러나 회개를 통해 영적으로 온전해진 상태에서만 하나님께서 주시는 것을 마음껏 누릴 수 있다(롬 8:16-17). 이것은 옛사람의 그림자인 '거짓 자아'의 영적 상태로 누릴 수 있는 것은 결코 아니다. 거듭 태어난 새사람이 되어야만 가능하다. 그럴 때 하나님께서 주시는 하늘의 것을 누리게 된다.

끊임없는 회개는 하나님 나라의 씨앗을 계속 심는 일이다

회개는 우리를 하나님 나라의 통치 안으로 인도한다. 회개가 깊어지고 계속되면 우리에게 임한 하나님 나라의 평강을 계속해서 누리게 된다. 이 이치는 마치 파종(播種)한 후, 땅에 심은 씨앗이 성장하여 열매를 맺고, 그 열매를 수확하게 되는 것과 마찬가지다.

밭을 갈고 씨를 심는 것은 어렵고 힘이 드는 작업이다. 그 일을 처음 하는 사람에게는 더 그렇다. 그러나 힘들더라도 씨를 심어야 한다. 한 번만 심는 것이 아니고 매일 심어야 한다. 심고 또 심어야 하는 것이다. 농부는 처음 심어놓은 씨앗이 발아하여 성장해서 열매를 맺고 수확하게 되어도, 또 뒤돌아 다른 땅에 씨앗을 심는다. 그러면 언제부터는 씨앗을 새로 심을 시간이나 빈 땅이 없을 정도로 계속 열매를 수확하게 된다. 열매를 매일 수확하기도 바쁘게 된다.

세상의 씨앗이 열매를 맺는 원리처럼, 회개의 원리도 똑같다. 매일 밭을 갈고 파종하듯, 매일 회개해야 한다. 당장은 수확의 열매가 없다 하더라도 매일 씨를 심듯 해야 한다. 이건 매일 회개해보면 안다. 처음에는 회개가 얼마나 힘든 일인가? 처음에는 하나님께서 주시는 평강이 잘 임하지도 않는다. 임한다고 하더라도 오래가지 않는다. 그러나 절망하지 말고 계속 회개해 보라. 그러면 언제부터는 회개 뒤에 오는 평강을 매번 누리게 된다. 그리고 하나님께서 주시는 평강을 마음껏 누리는 삶을 살게 될 것이다. 하나님께서 주시는 새로운 것, 이 땅의 것이 아닌 하나님 나라의 새로운 것을 마음껏 누리는 시간이 당신에게 올 것이다.

> 여호와의 말씀이니라 보라 날이 이를지라 그 때에 파종하는 자가 곡식 추수하는 자의 뒤를 이으며 포도를 밟는 자가 씨 뿌리는 자의 뒤를 이으며 산들은 단 포도주를 흘리며 작은 산들은 녹으리라 _암 9:13

나는 젊었을 때 불신자였다. 죄가 무엇인지 모르고, 죄 가운데서 허우적거리는 삶을 살았다. 그러다 죽음이 코앞으로 다가오자 다급하게 소리를 쳤다. 하나님이 어떤 분인지도 모른 채 "살려주세요! 살려만 주시면 시키는 건 뭐든지 다 하겠습니다" 하고서 울며불며 매달렸다. 그런데 정작 살려주시니까, 언제 그런 말을 했느냐며 뒤도 안 돌아보고 세상으로 횡하니 가버렸다. 진짜 나쁜 놈이었다. 나쁜 놈이라는 말로도 부족했다. 만약 내가 하나님이면 절대 그냥 놔두지 않았으리라고 생각된다.

그러나 하나님은 그랬던 나를 참고 또 참고 기다리셨다. 그리고 하나님의 때에 나를 부르셨다. 그것도 내가 놀랄까 봐, 부드럽게 쓰다듬으시면서 부르셨다. 혹시 내가 자신을 학대하고 죄책감과 수치심 속에 빠지지 않을까 조심하셨다. 그리고 회개를 통해 내 과거의 시간을 되돌아보게 하셨다. 그 시간을 통해 죄의 모든 뿌리를 하나하나, 전부 뿌리째 뽑게 하셨다. 그 과정은 힘이 들었다. 주님은 힘들어하는 나를 끊임없이 위로하셨다. 따끔한 말씀을 주실 때도 있고, 힘이 되는 말씀을 주실 때도 있었다. 그러나 어떤 말씀일지라도 내가 주님의 길에서 벗어나지 않게 하신 것이다.

주님께서는 때로 환상도 보여주셨다. 그것을 통해 말씀의 뜻과 진리를 쉽게 이해하게 하셨다. 무엇보다 감사한 것은 회개를 내려놓지 않게 하셨다는 점이다. 계속된 회개 가운데 회개가 단계별로 성장하듯 발전하게 하셨다. 그 속에서 "이르시되 때가 찼고 하나님의 나라가 가까이 왔으니 회개하고 복음을 믿으라 하시더라"(막 1:15)라는 말씀의 진리를 깨닫게 하셨다. 회개를 계속한다는 것은 하나님 나라의 씨앗을 계속 심는 것이라는 진리도 알게 하셨다. 이 진리를 깨닫게 해주신 하나님 아버지께 모든 영광을 올려 드린다.

무엇보다 감사한 것은, 회개를 통해 하나님 나라의 평강을 마음껏 누리게 하신 일이다. 회개하면서 하나님과 교제하고, 주신 평강을 실컷 누리게 하고 계신다. 회개를 통해 주신 치유의 은사에도 깊이를 더할 수 있게 하셨다. 하나님은 이렇게, 내게 계속해서 평강을 누리게 하신다. 오늘도 회개의 씨앗을 계속 심어, 그 열매를 계속해서 마음껏 수확하게 하신다. 영적 수확의 기쁨을 누리게 하신다. 이 평강이 이 책을 통해 독자에게 회개를 이야기한 궁극의 이유다. 부담스럽도록 죄를 지적하기 위함이 아니라, 평강을 주려 함이다.

평강의 하나님께서 너희 모든 사람과 함께 계실지어다 아멘 _롬 15:33

참고도서

알고 싶어요 성령님 - 손기철 지음, 2012년, 규장

킹덤빌더 - 손기철 지음, 2015년, 규장

수수께끼 같던 영혼몸의 비밀이 풀린다. - 손기철 지음, 2021년, 규장

킹덤빌더의 영성 - 손기철 지음, 2022년, 규장

이것이 복음이다. - 톰 라이트 지음, 백지윤 옮김, 2017년, Ivp

구원이란 무엇인가? - 김세윤 지음, 2001년, 두란노아카데미

보이지 않는 세계 - 마이클 하이저 지음, 손현선 옮김 2019년 좋은 씨앗

회개했는가 - 리처드 백스터 지음, 배용준 옮김, 2008년, 규장

회개 - 토마스 왓슨 지음, 이기양 옮김, 2007년 사)기독교문서선교회

회개 - 마틴 로이드 존스 지음, 옮긴이 강봉재, 2006년 도서출판 복 있는 사람

부흥의 여정 - 김우현 지음, 2006년 규장

마틴루터의 생애 롤란드 베인톤 저, 이종태 번역, 생명의 말씀사 1992)

칼빈 그의 신학 사상의 근원과 발전, 프랑수아 방델 저, 김재성 역, 크리스천다이제스트 1997

존 웨슬리의 일기, 존 웨슬리 지음, 박영운박사 옮김, 크리스챤 다이제스트 1997

조지 휫필드의 일기, 지평서원, 2002

놀라운 부흥과 회심 이야기 조나단 에드워즈 지음, 백금산 옮김 부흥과 개혁사 2021

평양대부흥운동, 박용규 교수, 생명의말씀사 2000

옥스퍼드주석 - 한경직 외 52인, 2006년 제자원, 바이블 네트

기독교강요 - 존 칼빈 지음, 이종성 외 3인 공역, 1986년, 생명의 말씀사

마틴루터의 생애 롤란드 베인톤 저, 이종태 번역, 생명의 말씀사 1992)